问道：渔樵问对

中的人生智慧

甄知 ◎ 编著

成都地图出版社

图书在版编目（CIP）数据

问道：《渔樵问对》中的人生智慧 / 甄知编著.
成都：成都地图出版社有限公司，2025.8. —— ISBN 978-7-5557-2939-6

Ⅰ. B244.45

中国国家版本馆 CIP 数据核字第 2025SN4870 号

问道：《渔樵问对》中的人生智慧
WENDAO：《YU-QIAO WENDUI》ZHONG DE RENSHENG ZHIHUI

编　　著：	甄　知
责任编辑：	陈　红
封面设计：	春浅浅
出版发行：	成都地图出版社有限公司
地　　址：	成都市龙泉驿区建设路 2 号
邮政编码：	610100
印　　刷：	三河市众誉天成印务有限公司
开　　本：	710mm×1000mm　1/16
印　　张：	8
字　　数：	150 千字
版　　次：	2025 年 8 月第 1 版
印　　次：	2025 年 8 月第 1 次印刷
书　　号：	ISBN 978-7-5557-2939-6
定　　价：	49.80 元

版权所有，翻版必究
如发现印装质量问题，可以与承印厂联系调换

前言

PREFACE

  《渔樵问对》为北宋邵雍所著，是一部充满智慧和哲理的寓言式作品，被誉为"千古雄文"。

  邵雍，字尧夫，与周敦颐、张载、程颢、程颐并称"北宋五子"，著有《皇极经世》《观物内外篇》《先天图》《渔樵问对》《伊川击壤集》《梅花诗》等作品。

  《渔樵问对》中所有玄理都出自渔者之口。渔者俨然成为"道""贤者"的化身。天地、自然、社会、历史、人事等哲学道理都在二人的问答中被道破。

  问对中，阐述了天人、利害、物我、利义、善恶、权变、生死、得失等一系列问题，传达出对自然、宁静生活的向往以及对世俗纷争的超脱态度，影响了很多人的文化心理和价值取向，塑造了一种淡泊名利、追求内心宁静的文化精神。

  诸如，世间事物的价值、得失、福祸是相对的，人可以追求，但若过度放纵欲望，不知克制，便会自讨苦吃，产生不良后果。正因如此，人要超越功利，保持清醒的头脑，不被欲望左右。同时，人与自然是一体的，人应该顺应天道，顺其自然，不强求，不越界，不被外物牵着走，更不违拗自己，进而追求内心的稳定与安宁。

《渔樵问对》形式简洁明了又富有韵味，能启发我们从更深刻的角度思考问题，也能对我们的个人成长、为人处世给予重要的指导。本书选取了渔者与樵夫的六段对话，同时引入古今故事，希望读者用心阅读，领悟其中的智慧和道理。

第一章

止欲：福祸相依，克制无止境的贪欲

欲当有所求，行需有所止	003
贪玩的人，只能快乐几年	007
成就与声色，鱼与熊掌不可兼得	011
妻贤家祸少，断了得陇望蜀的念头	014
别忘了"螳螂捕蝉，黄雀在后"	018

第二章

尺度：界限之外，加一毫都会深受其害

气不能太盛，峣峣者易折	023
情不可陷太深，多情空余恨	026
话不要说太满，满话难回旋	029
事不能做太绝，狗急会跳墙	033
利不宜看太重，重利蒙心智	037

第三章

互利：相辅相成，抱团把蛋糕做大

花花轿子人抬人，互相搭台很重要	044
挤进靠谱的圈子，共享红利	048
分配是一门学问，也是一种手段	051
摆平"三个和尚没水喝"的人性僵局	055
一切合作的核心，都是价值交换	058

第四章

韬晦：能忍能熬，就有机会异军突起

越是高人一等，越容易成为众矢之的	064
在绝对实力面前，要有装傻的本事	067
如果段位不够，就别去与人争公平	071
知道什么时候该开口，什么时候该闭嘴	074
控制住情绪，才能掌控局势	078

第五章

心性：自治内求，活出自己的样子

对生活不苛责，对自己不苛求	084
可以温柔，但不必用疲惫去讨好世界	087
得失皆随缘，心宽人自安	090
难得糊涂，一种有智慧的装傻	093
在多数人狂热的时候，抵制住诱惑	096

第六章

善恶：真正的善良，要有原则和边界

即使想做好人，也要摆明底线	102
别迷信人品，要考虑人性	106
从利益的视角，去判断事情的走向	109
阴招可以不用，但是不能不防	112
知行合一，果断远离错的人和事	116

第一章 止欲

福祸相依，克制无止境的贪欲

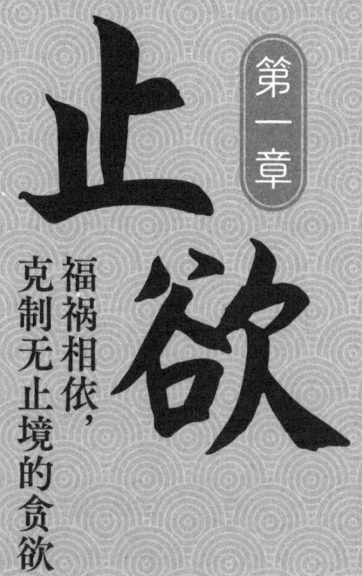

"食色，性也"，人有欲望不是坏事，有了欲望，才有奋发向上的动力。但若欲望控制不好，就是带着灾祸的鱼饵，一口咬上去，必然深受其害。

"人心不足蛇吞象"，这是在任何时代都适用的道理。因贪婪心而产生的执念，会让人自讨苦吃；因欲求无度而做出的错事，则会使人万劫不复。

问道：
《渔樵问对》中的人生智慧

原文

　　渔者垂钓于伊水之上。樵者过之，弛担息肩，坐于磐石之上，而问于渔者，曰："鱼可钩取乎？"

　　曰："然。"

　　曰："钩非饵可乎？"

　　曰："否。"

　　曰："非钩也，饵也。鱼利食而见害，人利鱼而蒙利，其利同也，其害异也。"

译文

　　渔者悠然垂钓于伊水之畔。一位樵夫挑着沉重的柴火路过，放下担子坐在岸边的大石头上，向渔者询问："今日能钓到鱼吗？"

　　渔者回答："能。"

　　樵夫追问："如果鱼钩上不放鱼饵，还能钓到鱼吗？"

　　渔者肯定地回答："不能。"

　　樵夫恍然："既然钓到鱼的是鱼饵而不是鱼钩，可见鱼是因吃鱼饵而被捕获，它们是因为贪吃而遭杀身之祸；而人却借助鱼饵钓到了鱼，获得了吃鱼的好处。鱼和人都通过鱼饵获得了好处，结局却是一死一生，利害竟然如此悬殊。"

> 第一章
> 止欲：福祸相依，克制无止境的贪欲

欲当有所求，行需有所止

东汉名臣杨震自幼聪慧过人，嗜学不倦，有幸拜大儒桓郁为师，从此遍览诸子百家，精研经传之学。

学有所成后，杨震并未追求功名，入仕做官，而是效仿孔子，将全部精力投入教育事业中，设塾授徒，坚持三十余载。其间，诸多地方长官屡次征召杨震出仕，均被他婉言谢绝。

因教学严谨，且不论贫富贵贱皆能平等相待，故而四方求学之人络绎不绝，杨震的名声因此迅速传开，门下弟子达三千之众，世人遂尊杨震为"关西孔子"。

出于对杨震的敬仰，大将军邓骘亲自派人延请他入幕。杨震觉得盛情难却，遂到邓府任职，此时他已年逾五十。出仕后，杨震仕途显达，一路晋升，最终官至太尉。

杨震在朝中任职期间,始终恪尽职守、勤政廉洁,坚决"不受私谒",这也正是他能够名垂青史、备受人们敬仰的缘由。

据史书记载,杨震升任东莱太守时,赴任途中经过昌邑县。此时,他以前推荐的荆州秀才王密已在昌邑担任县令一职。

有感于知遇之恩,王密特意前来拜见杨震,并摆宴盛情款待杨震。杨震对这种请吃请喝、铺张浪费的行为大为不满,只挑煎饼、豆腐等寻常食品留下食用,将一桌子的珍馐美味全部送给了附近百姓。

王密深感不安,于是趁着夜深人静之时,再度前来拜访,并拿出十斤黄金,打算赠予杨震。

杨震感叹了一声,说道:"你我是故交,我知道你的为人,难道你不了解我吗?为什么还要这样做呢?"

王密回应:"夜幕之下,无人知晓。"

杨震正色道:"上天在目,神明在旁,我心如明镜,你心也如明镜,怎能说无人知晓呢?"

王密听后,羞愧万分,默默退了出去。

杨震暮夜却金的事情从此千古流芳。世人为纪念杨震"不受私谒、罢宴辞金"的难得品质,便在他住过的驿馆旧址筑台修庙,取名为"辞金台"。

智慧解析

> 做人心中应该有一把尺,使欲望与贪念保持微妙的平衡,如此,我们才能清清爽爽做事、堂堂正正做人。抵御得住过度欲念的诱惑,生活才不会为物所累,甚至为物所害。

2005年夏天，布雷恩·亨特独具慧眼，捕捉到了一个"捡钱"的机会。

当时，美国的天然气价格低得令人咋舌，每百万英热（mmBtu）仅需6~8美元。亨特深信，随着冬季的来临，天然气的需求将呈现井喷式增长，价格也必然会水涨船高。于是，他果断出手，大量购入了价格低廉的天然气看涨期权，静待价格回升。

幸运女神似乎格外眷顾亨特。还未等到冬季来临，一场史上罕见的天灾便降临美国。2005年8月25日，"卡特里娜"飓风在美国肆虐，其威力之猛烈、规模之庞大令人瞠目结舌。这场飓风无情地席卷了美国的天然气生产运营基地，导致天然气供应严重受损。雪上加霜的是，路面交通也在飓风中陷入瘫痪，无法及时进行维修和恢复。

天然气价格随即飙升，从6美元一路狂飙至14美元，到12月中旬，更是飙升至15.38美元的峰值。随后，价格又迅速回落至原先的6美元，但此时亨特已凭借手中的天然气看涨期权获得了巨额回报。

在这之后，亨特的信心和欲望开始膨胀，他认为，既然自己能赚到一个亿，那么更多的财富同样触手可及。从此，一亿美元在他眼中成了一个微不足道的小目标。

这是他此刻犯下的致命错误，也为他日后的失败埋下了伏笔。

2006年，亨特再次涉足天然气市场。当时正值暖冬，天然气需求并不旺盛。但亨特坚信，下一个冬天将不再温暖，天然气需求必将再次大幅增长。

他果断地采取短期做空天然气合约与长期做多天然气远期合约的策略。在远期天然气多头看涨合约中，他也占据了约60%的仓位。可见他的仓位之重、风险之高。

那段时间，他每日的浮动盈亏都高达数千万美元，有时一周便能赚取数亿美元。他坚信自己的判断，渴望大赚特赚。2006年前四个月，他再次斩获20亿美元的盈利。

然而，这一次，幸运女神并没有再眷顾他。8月底至9月初，天然气期货的远期合约价格急剧下滑，亨特的短期做空、长期做多策略宣告失败。然而，亨特仍然抱有幻想，坚信自己的判断是对的，坚信只要熬过这段艰难时期，就能成为顶级富豪。

此时的亨特已经失去理性判断的能力，他不仅未减仓，反而按照原策略继续加码。到了2006年9月底，他所管理的基金公司亏损高达66亿美元，最终被迫宣告破产。

  当我们迫切地想要得到一件东西或是达成一个目标时，我们往往会过度乐观地评估概率，进而轻视其背后的缺陷与风险。这一刻，我们已经失去客观理智的判断，非常容易陷入陷阱之中。

  世界上很多的错误与失败就是在这种情况下产生的，直到事后冷静下来，才开始疑惑自己当初为什么那般痴狂。事实上，这就是欲望的诱惑。真正聪明的人一定是懂得及时止损和适度舍弃的。

第一章

止欲：福祸相依，克制无止境的贪欲

贪玩的人，只能快乐几年

秦二世胡亥或许是中国历史上最短命、最荒唐、最令人扼腕的一位帝王。他原本并无储君之位，却因赵高与李斯的阴谋被扶上帝位。这位仅二十出头的年轻皇帝一朝即位，便坐拥天下，却迅速滑向放纵的深渊。

胡亥没有父亲秦始皇的胆略与雄心，也没有太子扶苏的仁厚与远见。他唯一想做的事情就是尽情享受权力带来的荣华与快感。他沉迷于宫廷奢华，日夜设宴，广收后宫，修建更加庞大的宫殿，继续扩建阿房宫，劳役不断，致使百姓怨声载道。

在民不聊生、各地起义不断的情势下，胡亥仍然醉心于享乐。他对宫女的要求近乎苛刻，不但要容貌无瑕、才艺俱佳，还要按节令安排服饰色彩，取悦自己。他命人修建人工水系，将宫中布置得如同仙境，只为让自己"足不出宫，也能游遍天下"。

当陈胜、吴广揭竿而起，义军风起云涌时，胡亥非但没有重整朝政、任用贤才，反而将全部心力放在"查谁泄露了朕最近不快乐"的小事上。他的亲信赵高为了稳固权势，更是连蒙毅、李斯等文武大臣都不放过，致使朝堂再无忠臣良将，人人自危。

当战火烧至关中时，胡亥才意识到"咸阳也不安全了"，但为时已晚。他仓皇逃出宫廷，终被赵高逼迫自尽，年仅二十四岁。

大秦帝国的崩塌有许多复杂原因，但胡亥的沉溺享乐是压垮它的最后一根稻草。他不是"平庸无能"，而是把时间都用来玩乐；他不是"政敌太多"，而是主动放弃了可以团结的力量；他不是"没看见危机"，而是故意装作看不见。

向道：
《渔樵问对》中的人生智慧

胡亥这一生可以当作"贪玩误国"的活教材。他从未真正成为一位帝王，只是一个偶然登上高位的年轻人，在三年的极度纵欲中将秦带入灭亡的深渊。

> 胡亥的荒唐不是"年轻糊涂"，而是因沉迷享受而失控。他的教训值得每一个在选择面前摇摆不定的人借鉴。
>
> 人生的长跑最怕的不是跌倒，而是"贪玩上瘾"。一旦习惯了眼前的安逸，就很难再回到自律的节奏中。当玩乐变得理所当然，放纵便有了借口；当理智失守，人生便随之沉沦。

第一章

止欲：福祸相依，克制无止境的贪欲

T先生曾经是互联网圈里炙手可热的创业者。他出身普通，凭借对消费趋势的敏锐洞察，创办了一个新消费品牌，在短短三年内完成三轮融资，估值一度接近50亿元人民币。

在那段时间里，他被媒体誉为"青年偶像创业者"，频频出现在各大创业峰会和杂志封面上。许多年轻人把他视为"躺赢时代"的代表人物，他也乐于接受这种光环笼罩的生活。

但他的失控恰恰从那时开始。

他将原本用于研发的大笔资金投入个人IP的打造上。他拍纪录片、上综艺、请人写自传，还在办公区专门开辟出一整层，命名为"创始人生活空间"，配备了红酒柜、雪茄室和音响室。他的解释是："工作和生活本来就不该分得太开。"

最令人咋舌的是，他曾用公司的运营资金为自己举办了一场生日派对——请来一线明星站台，搭建巨型舞台，还在员工工位上安排每人一份定制礼盒。整场花费近300万元，却对业务毫无实质性推动。

而此时，他的产品正在经历危机：供应链混乱，用户投诉激增，团队流失严重。他却对这些问题缺乏兴趣，常以"我们要做生活方式，而不是卖货"为由敷衍高管。面对投资人的质问，他总是云淡风轻："短期有起伏很正常，放轻松。"

直到最后，资金链断裂，公司被迫清算，员工被遣散，他本人也从公众视野中消失。他的社交账号停在了那张生日派对的照片上，评论区却变成了"时代的注脚"。

T先生的创业不是失败在市场，而是毁于"贪玩"：他一开始用努力赢得了世界，后来却用放纵亲手毁了它。

智慧应用

或许有人会说："工作、生活压力大，放松一下，有何不可？"但贪玩并不是真正的放松，而是一种慢性透支。当一个人开始习惯于逃避责任、沉浸于享受时，他就已经失去了掌控感。越是放纵，就越难收手；越是舒服，就越容易软弱。

真正聪明的人从不轻易纵情玩乐，而是把它作为自律后的犒赏。他们知道，人生是一场马拉松，而不是一次狂欢。若想走得远，先得扛住"短期快乐"的诱惑。

所以，年轻人不是不能玩，而是要明白什么时候该停；不是不能放松，而是要懂得放松不是堕落的借口，而是自律之后的调剂。

在享乐面前，懂得适可而止，才能赢得更长远的成就。

第一章
止欲：福祸相依，克制无止境的贪欲

成就与声色，鱼与熊掌不可兼得

春秋末年，吴国崛起。吴王阖闾被越王勾践战败身死后，其子夫差继位。彼时，吴国虽国力强盛，却仍视越国为心腹之患。夫差继承父亲遗志，发誓报仇雪恨，甚至立誓"十年不出城门"，专心操练军队。

夫差筹谋多年，亲率大军南下，一举大破越军，逼迫勾践称臣投降。从此，夫差成了春秋霸主中的新贵，一时风头无两。

原本到此为止，便是一个"励精图治、雪耻复仇"的经典结局。但夫差并未收手，而是开始走向另一条路——声色犬马。

越王勾践为求苟安，进献美女西施与郑旦，又献财宝千金。夫差欣然接受，对昔日仇人勾践日渐松懈，对眼前美人西施日渐迷恋。他从铁血报仇的硬汉变成贪恋美色的柔情君主；从励精图治的明君变成夜夜笙歌、宠信奸佞的昏君。

太宰伯嚭本是巧言令色之人，夫差却偏听偏信，对他十分重用，甚至将忠臣伍子胥贬为庶人，最终逼其自尽。随之而来的是整个吴国从顶峰走向衰落。

勾践卧薪尝胆，积蓄十年之力，终在夫差沉迷享乐之际卷土重来。此时的夫差兵不精、臣不忠、心不稳，面对越军竟溃不成军，最终被迫自刎于姑苏台下。

夫差本可以成为一代雄主，却因一时沉迷声色、听信谗言，断送了江山，亦断送了自己。

夫差的失败不是因为越国太强，而是他自己太放松。他以为自己已站在高峰，便不再攀登；以为胜利就是终点，便开始犒赏自己。

现实中又有多少"夫差"式的人物？他们凭借努力登上高位，却在享乐中逐渐消磨意志。事业刚有起色，就开始过度消费；能力稍有优势，就开始放纵欲望。久而久之，原本应向上的曲线被他们亲手按了下去。

当一个人想要成功与享乐兼得时，往往会两头落空。因为在关键的转折点选择安逸，就是放弃前进；在胜利的号角刚刚吹响时贪图声色，就是忽视风险。

20世纪80年代初期，一位耐火材料厂技工以3000元积蓄起家，在废弃厂房中创立了某特种材料公司。凭借对行业工艺的熟稔，以及自身的勤奋刻

苦，三年时间，他将自己的小作坊变成了当地最大的耐火材料厂。之后，又继续发展，一跃成为区域性龙头企业。

20世纪90年代，他抓住稀土行业风口，抵押了全部资产，通过收购矿山、整合产业链，打造出国内首家稀土全产业链集团。

2001年，企业在香港上市，市值突破百亿，而他也以创始人身份，以超十亿身家跻身富豪榜前列。

然而，这位企业家在成功、荣耀面前却未能把持住自己。他开始背离初心，丧失信念，醉心于奢华、物质，甚至沉迷于赌博，单次输赢金额动辄千万。对于企业，他已无心管理。

其继承人则有过之而无不及。该继承人沉迷于声色犬马，热衷于挥霍、享受，时常出入奢华场所。只一次晚餐，菜单报价就高达40万元，酒水另计48万元。他还以收藏顶级跑车闻名，车库中停放着价值近2亿元的限量版超跑。

成就如同沙堡，经不起欲望浪潮的持续冲刷。最终，该企业因连年亏损被列入退市预警名单，曾经市值百亿的集团最终以不足巅峰期的5%被接管，创始人则负债累累，身败名裂。

一个人可以为梦想拼命，也可以在成功后适度放松，但必须知道，放纵的尽头往往是反噬，享乐的极限往往是失控。

鱼和熊掌之所以不可兼得，不是因为资源不够，而是人的注意力与专注力有限。当你执着于舒适与享乐时，往往已无心维持艰难得来的成绩。

所以，即便走到巅峰，也不要被风景迷了眼；即便已获得成就，也应保持前行的意志。成功之时不忘初心，不贪图声色，有所放弃，才能有所得。

妻贤家祸少，断了得陇望蜀的念头

　　李衡是明朝中期一位有才华的地方小吏，任职于福建漳州府。他虽官职不高，但为人勤谨，性格正直，仕途尚算稳健，家中还有一位贤良的妻子，虽非貌美如花，却持家有道、善解人意。

　　有一天，李衡在外接触到一位容貌艳丽、谈吐风流的女子，令他动了心。此女出身名门，父兄皆有权势，若能与她结下秦晋之好，仕途便能更进一步，甚至借机平步青云。

　　李衡犹豫不决，回家后将此事向妻子坦白，说自己并非因情动心，而是为前程考虑。言下之意是希望妻子知趣，让位于新妇。

　　谁料，妻子听后并无哭闹，只是淡淡一笑，说了这样一段话："若官运未至，依你才能也终有一日飞黄腾达，不必借外人提携；若官运注定如此，就算娶了王侯之后，也未必能帮你一步登天。你只需记住'一念贪色，百事自误'，贪图眼前之利，未必得你所愿，反倒折了根基。"

官运若有，何须娶贵人；若无，迎来王侯女也扶不起你。

第一章
止欲：福祸相依，克制无止境的贪欲

李衡听罢，猛然一惊，冷汗浸背。他突然想起，近年确有数位同僚为求升迁或附贵结亲，反被牵连入党争，遭到贬谪甚至下狱。他顿时明白，眼前这位素衣妇人才是真正能陪自己一生的人。

最终，李衡谢绝了豪门之女的婚事，安然回归家庭。多年之后，在一次政局动荡中，他因未牵扯权贵之事，不仅独善其身，而且反得擢升。世人皆叹他命好，只有他心中明白，若不是当年妻子的一言点醒，自己如今怕早已身陷囹圄。

古人云："内助不贤，家道必颓。"李衡能避过一劫，正是因妻贤如镜，能照人心。若他一时鬼迷心窍，得陇望蜀、轻弃旧恩，不止家破，仕途亦难保。

一个人在有所成就之后，最容易犯的错就是自认为"有资格去选择更好的"。于是，原配成了"过往"，新欢成了"未来"；昔日的持家之人被贬为平庸，眼前的光鲜被误认为命运之门。

但很多时候，那些所谓的"更好"，不过是短视者的自我想象。真正稳固的关系不在于外表是否惊艳，而在于能否在关键时刻护你、劝你、扶你。真正的幸福不在于拥有多少，而在于能守住什么。

换句话说，不知满足是家道败落的开始；懂得止欲才是兴家之本。若不能珍惜眼前人，任由欲念滋长，总想着"另有更好"，最终只会落得"悔之晚矣"的结局。

刘某原本是一家民营企业的中层管理者，妻子林某是一名小学教师，两人平凡但和睦，育有一子。

林某虽不是令人惊艳的女子，却性格温和，教育孩子极有章法，把家中事务打理得井井有条。

可惜，刘某并不满足。他总觉得自己的生活"太安稳""没激情"，尤其是在单位小有成绩后，逐渐飘了起来，开始频繁应酬、结交异性。

刘某在外与一位年轻女子关系暧昧，最终在一次争吵后向妻子提出离婚，理由是："我追求的是另一种生活。"

林某并未纠缠，平静地签字，带着孩子搬出了房子。她没有哭闹，也没控诉，只是转头投入新的生活节奏中。她节衣缩食供儿子读书，每晚批改作业到深夜，依然坚持做一桌饭、留一盏灯。

十年后，儿子以优异的成绩考上名校，毕业后进入一家知名的律师事务所工作，事业顺遂。林某也晋升为教研组长，成了孩子眼中"最有本事的妈妈"。

而刘某呢？几年后他与那位女子分道扬镳，因作风问题被单位劝退，孤身一人租住在郊区小屋，常常借酒浇愁。他曾想找林某"叙旧"，却得知儿子连电话都不愿接他的。

刘某得意时曾说："林某太普通，不够风情。"如今他才明白，正是她的普通支撑了他当年所谓的光鲜；她不懂风情，却深知责任、分寸与家的分量。然而，如此优秀、贤惠的妻子，他已不配再拥有！

第一章
止欲：福祸相依，克制无止境的贪欲

智慧应用

　　欲望是无底洞，而真正的清醒是学会止步。当一个人总想着得陇望蜀时，婚姻就容易走向失衡；而当你愿意守好眼前人时，生活才会稳如磐石。

　　正所谓："妻子若贤，丈夫不必富贵亦安稳。"所以，当你在被欲望撩拨时，记得回头看看身边那盏不动声色的灯；当你在外面看尽繁华之后，要懂得珍惜家中的平凡与安稳。

别忘了"螳螂捕蝉,黄雀在后"

东汉末年,政局日益混乱。汉灵帝病重后,国家大权落入张让、赵忠等"十常侍"之手。这群宦官擅权多年,排除异己、结党营私,朝中正直之士人人咬牙切齿,朝堂之外百姓亦怨声载道。

此时,何进身为大将军,是太后之兄、国舅中最有实权者。他虽位高,却因刚愎自用、目光短浅,始终对宦官势力束手无策。

于是,何进采纳了袁绍等人的建议,打算除掉宦官。但他又不敢直接动手,便暗中招募关外军阀董卓、丁原等人入京,以图借外力震慑宫中。袁绍还为此安排周密计划,希望一举肃清"十常侍"。

此举果然引起了"十常侍"的恐慌。为了自保,张让等人先下手为强,诱何进入宫,设伏将他杀死。何进死后,袁绍、曹操等人大怒,联合兵力攻入皇宫,血洗宦官党羽,宫内死尸遍地、火光冲天。

然而,就在内廷一片混乱、皇子仓皇逃命之际,董卓带兵进了洛阳。他看准时机,挟天子以令诸侯,自此开始挟权弄政、废立皇帝、横行朝堂,东汉政权名存实亡。

第一章
止欲：福祸相依，克制无止境的贪欲

一场权力的角逐，从表面看是两方火拼，实则暗流涌动，最后的赢家是那个最晚出手却算得最稳的人。何进以为自己是"布局者"，结果却成了"第一个落子的棋子"；"十常侍"机关算尽，也只换得玉石俱焚的结局。到头来，董卓才是那个真正坐收渔利的人——他既未动一兵一卒清除对手，也无须承担任何名声代价。

> 历史如镜，它照见的不是谁输谁赢，而是谁太急于求胜，谁太容易露出破绽。争一口气、图一时快、拔一方权，就眼前看都像是进攻，但若局势未稳、四周未察，就容易落入"算小账输大局"的陷阱。
>
> 很多时候，我们自以为拿捏了对手，其实背后早有人在悄悄布局。你忙着盯住那只"蝉"，却忘了自己正暴露在"黄雀"的爪下。因此，越是在动荡不安时，越要谨防局中局；越是在利益诱人时，越要问问自己：我是不是那只"捕蝉的螳螂"？

21世纪10年代初期，中国某二线城市的生鲜配送市场迎来爆发期。两家本土公司"A鲜"和"B果"发展势头强劲，市场份额各占一半，形成你追我赶之势。

"A鲜"的创始人李某性格强硬，常在社交媒体上高调嘲讽"B果"定价混乱、服务差。"B果"也不甘示弱，公开举报"A鲜"使用无照仓储、虚报采购数据。

双方陷入长期的舆论战和举报战，互挖高管、客户，甚至一度出现恶意破坏对方冷链运输的事件。两家公司的管理层都将大部分精力投入彼此斗争中,以求压死对方、独占市场。

就在双方打得你死我活之际,一家此前并不起眼的外来平台"C选"悄然进入当地。它并未卷入口水战,而是默默扎根社区,与物业合作设立前置仓,提供"下单后一小时到家"的服务,主打为中老年客户群体服务。

一年后,当"A鲜"和"B果"陷入资金链断裂、创始人撤股、员工流失的泥潭时,"C选"已覆盖全市60%的小区,成为该地生鲜配送的第一平台。

直到这个时候,李某才坦言:"我们当初太忙着看对方了,根本没发现身后有第三方在慢慢包抄。"

这不是一个商业失败的孤案,而是现实版的"螳螂捕蝉,黄雀在后"。两家创始人都以为自己是"主角",结果却成了他人布局下的"背景板"。

智慧应用

"螳螂捕蝉"的问题不是错在行动,而是错在只看得见蝉,却看不见天上的黄雀。

这种事情在人生中也常发生:你正忙着和同事争升职,却没注意到上面换了领导风格;你花力气和对手抢市场,却没发现消费者偏好已转向他处;你拼命赢了一场架,却忽略了这一场架根本不值得打。

正如一位古人所说:"不争于一时,图之于长久。"看得见局,才不会被局所困;看得清利,才能分辨出什么是真正值得争的。

当别人忙着报仇、争功、博红利时,唯有你能在高处冷眼看局势,最终你才可能成为那个坐收渔利的人。

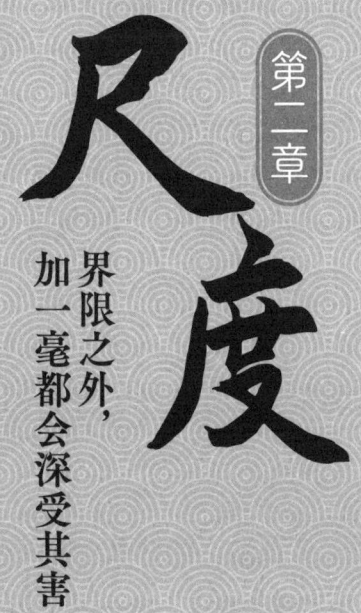

第二章 尺度
界限之外,加一毫都会深受其害

人活在世,最难拿捏的不是对错,而是分寸。

言有止处,利有界限。做得太过,反而招祸;说得太满,反而难收。

世事如秤,凡事一味地用力,就容易失衡。越过界限半寸,本以为是更进一步,实则可能是一头撞在了墙上。

"过犹不及"虽是古训,却是贯穿于每一个时代的人生课题。真正成熟的人从不越过界限,也不会将底线无限地后移。他们懂得什么该说、什么该做、什么该止步。

原文

樵者谓渔者曰:"吾尝负薪矣,举百斤而无伤吾之身,加十斤则遂伤吾之身。敢问何故?"

渔者曰:"樵则吾不知之矣。以吾之事观之,则易地皆然。吾尝钓而得大鱼,与吾交战。欲弃之,则不能舍;欲取之,则未能胜。终日而后获,几有没溺之患矣。非直有身伤之患耶?鱼与薪则异也,其贪而为伤则一也。百斤,力分之内者也;十斤,力分之外者也。力分之外,虽一毫犹且为害,而况十斤乎!吾之贪鱼,亦何以异子之贪薪乎!"

樵者叹曰:"吾而今而后,知量力而动者,智矣哉!"

译文

樵夫问渔者:"我经常背柴火,背一百斤也不觉得伤害身体,但若再加十斤便觉得伤害身体。请问这是为什么呢?"

渔者答道:"我不知道背柴这种事,但拿我钓鱼来说,其中的道理是相通的。我曾钓到一条大鱼,与它进行激烈的较量。想放弃,舍不得;想拉上来,又力不从心。最终花了一整天时间,才把它拉上来,其间数次险些被拉入水中,差点溺水丧命。这难道不是生命之忧吗?钓鱼与背柴虽然不同,但因贪心而深受其害的本质相同。你能承受的极限是一百斤,再加十斤,便超出了界限。超出能力范围,即便多一毫也会深受其害,何况十斤呢!我对于鱼的贪求,与你对柴的贪求,又有什么区别呢?"

樵夫感慨道:"直到今天我才知道,量力而行、把握分寸的人才是真正的智者啊!"

第二章
尺度：界限之外，加一毫都会深受其害

气不能太盛，峣峣者易折

嵇康是"竹林七贤"中最具风骨的一位。他博学多才，能文善琴，气节高洁，才名冠世。他的清高不仅表现在学问上，也体现在对人对事的态度上。

他鄙夷权贵，蔑视礼法，对司马氏新贵更是不假辞色。他在《与山巨源绝交书》中直言不讳，拒绝与当朝重臣山涛交往；又在《声无哀乐论》中否定儒家礼乐之教，态度强硬。

当时，司马昭专权，朝堂风向已变，许多人都开始趋利避祸，或顺势而为，或隐忍避锋。而嵇康却依旧我行我素，言语刚烈，不避嫌隙。有人劝他收敛锋芒，他冷笑一声："我若改性，是辱我一生。"

最终，嵇康因替好友案中做证，触怒司马昭，被判死罪。临刑前，他镇定自若，从容抚琴而终，一曲《广陵散》奏罢，人去琴绝。

嵇康的死固然令人唏嘘，但他的风骨也为后人所敬仰。但不可否认，他

那种不知退让、不懂权变的"峣峣之气",在动荡权变的乱世中是注定不被容纳的。

与嵇康齐名的还有"竹林七贤"中的另一位——阮籍。

阮籍也清谈,也厌俗,但与嵇康不同,他并不与权贵正面交锋,而是选择了"疯癫自保"。他常常酩酊大醉,或登车长啸,或当众狂歌,以装疯卖傻的方式来隐藏自己的锋芒。

当时,司马昭想招揽阮籍为己所用,却始终拿不准他的态度。有人建议试探一番,阮籍听闻后便连饮数斗,当众吐酒大笑,疯癫之状令人发指。司马昭只得作罢,暗叹"此人不可用"。

就这样,阮籍保全了自己,也保住了家族与性命。他不是没有锋芒,而是学会了隐藏;不是没有骨气,而是懂得用圆润化解锋利。相比嵇康的高洁、刚直,阮籍或许更有一种"外圆内方"的智慧。

嵇康与阮籍,两种选择,两种截然不同的命运。前者孤傲刚直、力求自我,不容于世;后者曲中求直、装疯卖傻,安然终老。

并非所有强硬都值得称赞,尤其是在风雨飘摇的现实中。在风口浪尖上倚气而立,可能一时风光,却很难稳稳站住。

真正能走得远的不是最硬的那块铁,而是最能撑起张力、知道松紧的那根弓弦。真正的高人往往都收敛锋芒,不争一时长短。因为他们懂得,锋芒若太盛,再硬也先折;气势若太满,再高也易倾。

第二章
尺度：界限之外，加一毫都会深受其害

林某是某知名互联网公司的产品线总监，他头脑聪敏、执行力强，在几个大项目中都表现得十分出色，整个团队都很佩服他。

可正因为能力突出，他的"气"也格外强。在日常工作中，他经常说话不让人，轻易打断别人；私下对同级管理层颇多轻视，甚至在饭局中直言某部门"就是吃老本"。

就算面对上司，他也屡次"顶嘴"，坚持自己的判断，甚至当众指出老板的战略失误。

刚开始，大家还欣赏他的"真性情"，但随着时间的推移，他的棱角逐渐刺痛了同事与上层。某次例会上，老板点名由另一个副手负责新产品筹划，林某虽嘴上不说，可脸色早已写满不满。

几个月后，公司高层进行人事调整，林某突然被调往海外子公司协助市场工作。名义上是"培养外派管理人才"，实际上是边缘化处理。

直到离开总部那天他才醒悟，自己不是输在能力上，而是输在"气太盛"，不知退让，锋芒太露。

所谓气盛者，人敬之而远之；气柔者，人敬之而亲之。林某不是没有本事，而是忘了尺度。在职场中，不是不能有锋芒，但得会收；不是不能提意见，但得有分寸。哪怕你有理，也不能句句当头棒喝；哪怕你正确，也不能时时上纲上线。

有时候，真正的力量是控制自己的力量；真正的情商是懂得适时沉默、适度柔和。所以，我们要守住那条不可逾越的线——不逞一时之强，不争无谓之理，不露锋芒于无处。

情不可陷太深，多情空余恨

苏小小是南朝齐时杭州著名的歌伎，容貌清丽，才思敏捷，不同于流俗女子。她虽身为艺伎，却不卑不亢，颇有诗书气度，擅长琴棋书画，因此，引来无数才子名士的青睐。

据说，她在西湖梅花岭初遇书生阮郁，阮郁年轻俊朗，举止不俗，两人一见如故。苏小小倾心于阮郁，对他倾注真情，不惜以微薄家资接济他赴京赶考。

可惜，情深之人常常错信了假意之人。

苏小小本可以成为一位风雅自立的女子，可她把全部的信任与依赖都押在了一个不值得的人身上。她以为自己遇到了知音，结果却只是对方仕途之路上的"驿站"。

阮郁考中之后，步入仕途，便迅速与苏小小断了联系。在得势之后，他更是将与苏小小的旧情视为"低贱过往"，不愿再提半字。

苏小小情伤难愈,一病不起。她不恨、不怨,只将满腹思念写成短诗一首:

妾乘油壁车,郎骑青骢马。
何处结同心?西陵松柏下。

诗成之后,她郁郁而终,年仅二十岁,香消玉殒。

后人悼其才情,称她为"情深不寿,红颜薄命"的代表。可若从另一个角度看,苏小小这一生之殇,并非因为她爱错人,而是因为她爱得太满、太深、太执。

智慧解析

> 人这一生,感情这件事最是难以自禁。情之所至,自是美好;可情之所陷,也常常令人万劫不复。
>
> 爱不是错,但情若太盛、意若太执,便容易把自己困进牢笼。一个人一旦将全部情感托付于他人,自己的快乐、希望、身份感也会随之被捆绑。当那个人转身而去,自己也就轰然塌陷了。
>
> 感情可以有深度,但不能没有底线。若不知止境,那份炽热的爱也可能化作灼心的痛,甚至把自己所有的退路都亲手断了。

古为今用

林某是某传媒公司的副主编,事业顺遂,外表靓丽,是不少人眼中的"新时代独立女性"。她身上有股干净利落的气场,说话逻辑清晰,做事效率高,对自己要求极严。

32岁那年,她遇见了一个名叫阿远的画廊策展人。阿远性格洒脱,文艺气息浓厚,和她截然不同。他不追求效率,却极懂浪漫;不精于规划,却句句动心。

林某很快坠入爱河。她主动迁就,推掉应酬,减少外出,把原本充满节奏感的生活重心放在了对方身上。她以为这就是爱情该有的模样——全情投入、无所保留。

起初,阿远确实被林某打动,两人也曾共度了一段甜蜜时光。但随着时间的推移,林某发现自己在这段关系中越来越没有底线。

她帮阿远垫付房租、承担画展费用、安排人脉资源,甚至放弃了升职机会,只因阿远一句"我不喜欢你总是那么强势的样子"。

可即便如此,阿远最终还是选择了离开,原因简单而冷淡:"你抓得太紧了,我觉得喘不过气。"

林某一度陷入情绪低谷,接受心理咨询近半年才慢慢走出来。后来,她说:"我不是输给了爱情,而是输给了自己太想爱、太怕失去的那种执着。"

智慧应用

无论是苏小小,还是林某,失败都不是因为她们不够好,而是因为爱得太深、太满,在情感中迷失了自我。深情是一种美,但没有自我作基础的深情,只会沦为牺牲品。

真正的爱从来不是放弃自我、倾己所有,而是彼此靠近又彼此独立,彼此在意但各自完整。当你把全部的"爱与生"系在一个人身上时,你已不是在爱,而是在求。

一段真正健康的感情是有分寸、有边界的,不过界,不执着,不沉沦。因此,在感情里,你可以深爱,但也要努力保持自持。多一分分寸,少一分执念;多一些自爱,少一些自弃,才不会空余悔恨。

第二章

尺度：界限之外，加一毫都会深受其害

话不要说太满，满话难回旋

大文豪苏轼自幼聪慧，过目成诵，谈吐不凡，早年便有"才高八斗"之誉。他在仕途初期，正好遇上王安石变法，朝局风起云涌。

王安石曾一度提拔苏轼入翰林院，对他寄望颇深。但苏轼自恃才高，言语之中常常夹带锋芒，甚至数次当面调侃王安石。

一次，王安石与苏轼解字谈到"坡"字，苏轼笑说："如相公所言，'坡乃土之皮'，那'滑'就是水之骨了？"又一次，说到"鲵"字，苏轼戏言："'鲵'从鱼从儿，是'鱼的儿子'；'鸠'可解为九鸟，《毛诗》说'鸣鸠在桑，其子七兮'，加上父母，不正好是九只鸟吗？"

王安石虽表面不动声色，心中却已积怨。

而压倒骆驼的最后一根稻草，是苏轼在湖州三年任满回京时。他去拜见王安石，恰巧王安石外出未归。在书房等候期间，他偶得王安石未完的诗稿："西风昨夜过园林，吹落黄花满地金。"

苏轼读罢，讥讽道："这两句诗也不通啊。菊花耐寒，岂有风吹花落之理？"于是便续上两句："秋花不比春花落，说与诗人仔细吟。"

数日后，苏轼便被贬黄州，起因不明。直到深秋的某一天，满园菊花竟真被大风吹落一地，他才惊觉，原来自己错了。他喃喃自语："原以为是他小肚鸡肠，今日方知，是我话说得太满，自作自受。"

此后，苏轼自知言多伤身，不再锋芒毕露。他终于明白，一个人即使才华横溢，但若说话不知留白，终会伤人伤己。

苏轼很有才华，但是他太爱"展才"了。锋芒之语出口如箭，虽然爽快，但刺中别人的同时也断了自己的退路。更重要的是，他见识未广，却说话太满，轻易否定、讥讽他人，以致暴露自己的狂妄与无知，贻笑大方。

智慧解析

古人说："水满则溢，月满则亏。"说话也是如此。一句话说得合适，是分寸；说得太满，是祸端。

很多时候，不是话不能说，而是不能说得太绝、太满。留几分模糊，反倒更接近事实；藏一寸锋芒，反倒更有后劲。

留有余地是一种智慧，说话有转圜是一种修养，是对他人的尊重，更是给自己留退路。否则，容易折损自身的余地与格局。

古为今用

19世纪末，一位青年满怀热情地拜访大发明家爱迪生，表示希望加入其实验室。为了表现雄心壮志，他自信地说："我将发明一种万能溶液，它能溶解一切！"

爱迪生听后沉默片刻，反问道："你打算用什么容器装这种溶液呢？"

青年哑口无言，因为他说的是"溶解一切"，连容器本身也无法幸免。

很明显，这个年轻人把话说得太满了。如果他说"能溶解大部分物质"，也许还能继续探讨；可一个"万能"，一锤定音，反而暴露了他思考不周。在科学领域中，措辞不严谨不仅显得不专业，而且容易陷入逻辑悖论；而在人生中，过耳之言更可能带来信任崩塌、名誉受损。

在电视台的编辑部里，郑某和李某是资历相近的编导，两人虽在不同的节目组，但日常碰面少不了暗暗较劲。这天，栏目改版讨论会成了两人矛盾的导火索。

郑某负责的民生节目的收视率一直平平，而李某主导的文化访谈节目却收视率不错，且口碑持续上升。会议上，领导让大家畅所欲言，探讨如何提升节目质量。李某针对郑某的节目提出几点意见，言辞激烈，颇有讥讽意味。

郑某不服气，回撑了几句。

李某不依不饶，语气愈发尖锐："别说我小看你，就你这点本事，这节目也就这样了！日后你的节目收视率若超过我，我的名字就倒着写，且立马离职！"这话一出，会议室瞬间安静下来，领导则脸色铁青。

没想到半年后，郑某的节目经过创新与改版，收视率高涨，超出李某的节目一大截，且拿到了好几个奖项。

李某整个人都蒙了，想起自己当初说的狠话，恨不得找个地缝钻进去。之后的工作中，他每次见到郑某，都觉得如芒在背，同事们偶尔调侃的目光更让他坐立难安。最终，在巨大的心理压力下，李某递交了辞呈，灰溜溜地离开了电视台。

古人讲:"言语不可轻发,发则难收。"言语是锋利的武器,使用不当,伤人也毁己。

生活中我们常听到这样的句子:"我保证百分之百不会出错!""这个项目我说成,就一定能成!""你别后悔,到时候别怪我!"

这些"满话"一旦说出口,便如同立下军令状,一旦事与愿违,不仅无回旋之地,还可能让人质疑你的人品和判断力。

因此,你要时刻牢记这句话:话说七分甜,三分苦;语留一分白,九分实。不论何时,不论面对何人,说话都要学会"留白",不说满,留余地。

第二章

尺度：界限之外，加一毫都会深受其害

事不能做太绝，狗急会跳墙

李自成出身寒微，自幼家贫，年少时曾为驿卒，最终投身军旅，成为明末农民起义军中的一面旗帜。他走的是最艰难的一条路，一步步从草莽崛起，从山西、陕西再到河南、湖广，辗转十余年，才有了"闯王"之称。

1644年春，大顺军势如破竹，李自成率兵攻入京城，明朝覆灭，崇祯皇帝自缢在煤山（今北京景山），万民惊惶。彼时的李自成志得意满，自称"奉天倡义大元帅"，改元"永昌"，踌躇满志地准备建立一个新王朝。

然而，刚一进城，他就犯下了致命的错误。

他急于巩固权力，过度清算旧臣。旧明百官尚未从朝代更替的惶恐中缓过神来，就看到大顺兵在街头胡乱捉人、严刑逼供，大肆抄家砍头，朝中人心浮动，百姓也从"欢迎解放者"变成了"恐惧新统治"。

就在这风声鹤唳之时,一个关键人物登上了历史舞台——吴三桂。

吴三桂为明末名将,统兵驻守山海关,是关外最具战斗力的一支汉人劲旅。当时他并未立刻投奔李自成,而是选择观望。他虽为明臣,但也明白朝廷已无力回天。此时的他正在"投与不投"之间犹豫。

随后,吴三桂起草降表,准备归顺大顺,只求李自成能安置其家人,赦免其部将,保留其兵权。李自成欣然接受,但其部下却不懂政治筹码为何物。

就在吴三桂准备归顺之际,李自成麾下将领刘宗敏等人进城肆意妄为,强行劫掠吴家府邸,将吴三桂之父吴襄押至宫中,并夺走吴三桂的宠妾陈圆圆。陈圆圆是吴三桂最宠爱之人,两人感情极深。得知陈圆圆被掳,吴三桂勃然大怒,一封求降信尚未寄出,便撕了个粉碎。

"冲冠一怒为红颜",固然有情感因素,但更深层的是尊严被践踏、家人被胁迫、信任被背叛。

吴三桂掉转马头,奔回山海关,誓死不降。李自成派使者前往劝降,并兵临城下,却依旧态度强硬,只说"若不开关,杀吴襄以谢大顺",毫无悔意。

吴三桂对李自成彻底绝望,于是他作了一个改变历史的决定——引清军入关。这是他压根不愿走的一步棋,但李自成已将他逼上绝路。

之后的战事发展得极为迅速。大顺军在一连串战役中连连败退,李自成不得不仓皇弃京,一路向西。两个月后,清军入主中原,吴三桂则稳坐辽东。

李自成在兵败途中仍幻想卷土重来,先退至西安,后又入湖北,但士气已崩、粮草不继、民意尽失。最终,他在九宫山被乡民所杀,另有自缢说、归隐说,历史已无法确证。

李自成之所以失败,是因为骄傲自大、自以为是,但部分原因也在于做事太绝。倘若他能稍留情面,稳住吴三桂,赦免旧臣,不急于清算,或许中国历史将会改写。但偏偏他一意孤行,毫不留情,最终自毁长城。

第二章
尺度：界限之外，加一毫都会深受其害

《韩非子》中说："两敌相持，势不两立，一方稍退则一方必进。"话虽如此，但人生并非永远是战场。做人做事，最怕的就是不给人留活路。哪怕你手握大权、风头无两，也得明白，退一步不是示弱，而是为自己留后路；不把事做绝是成事的前提，不是妥协的表现。

做事留余地，不光是仁慈，更是策略。太刚易折，太绝易激起反噬。人在局中，若步步紧逼、事事做绝，很容易将对手推向极端，引发不可收拾的后果。

江某是某大厂产品线的领导，手下曾有一位骨干叫陈某。陈某业务能力很强，但性格略显刚直，经常在会议中与江某意见不合。

起初，江某对陈某还抱有容忍的态度，毕竟能力摆在那。但渐渐地，江某开始觉得陈某目中无人，于是便暗中削权，将他边缘化，甚至在年终考核中给了他一个"C"级评级。

陈某察觉风向，主动请求调岗，却被卡死不批。内部申请转岗被搁置，对外跳槽被阻止，所有资源和机会都被掐得死死的。

最后，陈某彻底寒心，不再抱希望。某天深夜，他将一份翔实的"内部流程造假"材料匿名递交给合规审计组，同时将辞职信一并提交。公司展开内部调查，牵出整条产品线存在的问题，江某也因此被内部停职处理。

本来，只要江某稍作宽容，给陈某一个体面转身的机会，大家两不相扰，风平浪静。可正是他那种"不让走、不让升、不让活"的强压态度，把一个

问道：
《渔樵问对》中的人生智慧

人从"失望"推向了"绝地反击"。

这就是"逼人太甚"的代价。

> 很多时候，给别人一条退路并不是软弱，而是智慧的算计。你退一步，别人才不会拼命；你留一步，别人才不会反戈一击。
>
> 因此，凡事不能做得太绝，就算你占尽优势，也应给对方留余地。给别人留机会，也是给自己留退路。

第二章

尺度：界限之外，加一毫都会深受其害

利不宜看太重，重利蒙心智

春秋时期的范蠡是一位智勇兼备的奇人。他辅佐越王勾践卧薪尝胆、复国雪耻，功成身退后又转战商场，不但富甲一方，更能进退有度，明哲保身，被誉为"商圣"。

按理说，范蠡这一生已经足够圆满。他事业有成，家庭幸福，育有三子，应当颐养天年。但命运之中总藏着难以预料的风波，一场突如其来的变故彻底撕开了"世外高人"的家庭困境。

范蠡的二儿子在楚国触犯刑律，犯下重罪，即将问斩。

范蠡立即安排小儿子携带一千根金条，前往楚国求援，委托楚国的庄先生设法营救。此事本是秘密而周密的计划，不料却在家中掀起轩然大波。

大儿子得知消息后情绪激动，认为自己身为长子，理应担当此次重任，声称若不让他去，他就自杀。妻子劝说范蠡："小儿子虽听话，但经验不足。大儿子虽然冲动，但此行说不定能拼出一线生机。"

范蠡权衡再三，无奈妥协。但他仍放心不下，特意写信嘱托庄先生："一切听你安排，我儿年少，请多担待。"又叮嘱大儿子不要擅自做主，交付金条后便即刻回家。

然而，大儿子表面应允，心里却另有打算。他觉得父亲对自己不够信任，便暗中又带了几百两金子，准备多贿赂几位楚国官员。

大儿子抵达后，庄先生言简意赅："信与金条我收下，你立刻回家，别多过问。"

大儿子表面顺从，暗中却继续留在楚国打点，托人打听动向，并将自己带来的金子送给几位监狱周边的官员。

这本是好心,但他却不知,庄先生虽清贫,却是楚国极有声望的士人。楚王极为信任庄先生,庄先生以"天象有变、王气不安"为由,建议大赦天下,以保国运安稳。楚王采纳建议,命人封库,草拟赦令,准备对外公布。

那些收了钱的官员得知消息,立刻告诉大儿子:"赦令即将公布,你弟弟保住了。"

谁知,大儿子却认为弟弟幸运,赶上了大赦,庄先生什么也没做却拿了千金。于是,他前往庄先生家,名为告辞,实则讨回金条。

庄先生听明白了他的意思,面色微冷:"我收金条非为私利,而是你父之托,我自然尽力。你若不放心,我可将金条还你。"说罢,将金条悉数退还。

庄先生转身见楚王,说道:"近日流言四起,百姓皆言赦令是受陶朱公贿赂而下,并非体恤国人。若赦免他的儿子,恐怕令国法蒙羞。"

楚王闻言震怒:"若如此,我岂不是成了市井之徒?"

于是楚王当即下令:范蠡之子不赦,立刻问斩。赦令次日再发。大儿子本以为此行能救弟弟于水火,最终却只能带着弟弟的尸骨归家。

举家悲恸，范蠡的妻子更是悔不当初，连连自责。只有范蠡冷静地叹息道："这一切我早有预料。大儿生于我未富时，知钱难得，看重金银；小儿生于富贵之日，对财物无执，无心计算。救人者贵在舍得，用钱还计较值不值，那就不是救人，而是算计。庄先生虽贫，却有清名；楚国赦令本与我无关，却被我们这一点贪念搅黄了。"

这场风波不只毁了弟弟的性命，更让人看见了"重利者"的盲点：凡事只看投入产出比，心中就只剩算盘，再无信任与人情。

世人逐利，本无可非议。谋生在前，养家在后，有了钱才能稳定生活、成就理想。但若对利益太过执着，便会不自觉地落入"利"字当头的陷阱，把一切人情、是非、判断力统统压缩进"值不值"三个字中。

正所谓"利不宜看太重"，一旦心中只剩下算盘，便很难再走得清明而稳妥。最终损失的不仅是利益本身，还有关系、格局乃至命运。

同样，计较得失本无可厚非，但过分算计，那便是"智被利蒙"，反倒坏事。

2010 年前后，中国进入风投热潮期。各路创业者摩拳擦掌，资本大鳄四处猎捕项目。有一位 L 姓企业家原本白手起家，靠口碑打市场，积累了一批忠实用户。他的产品不一定最便宜，但品质过硬，服务到位，逐步打开了局面。

但是在接受资本注入后,他的思维逐渐发生了变化。投资人问他:"你的人均利润低于行业标准,是否该裁员控本?"他便大规模裁掉一线老员工。又有人建议:"你这品牌调性太老派了,要不要请代言人带货?"他便请来流量明星,大搞直播营销。

结果,利润确实上来了,但品牌形象滑坡,老客户纷纷流失。企业内部争功诿过,人心涣散,甚至在一次负面舆情中毫无防备,处理不力。后来,他又试图补救,但再无回天之力。不到三年,公司便从行业领先沦为边缘企业。

回忆往昔,他苦笑着说:"我太相信数据,太在意收益,却忘了当初是因为不那么算计,才赢得了人心。"

这位 L 先生的转变是很多生意人的写照:当你只看眼前利益时,就会逐渐背离初心;当你只追求金钱、寸利必争时,就会失掉本来的根基——信任与口碑。

> 利是人间现实,是社会燃料,但它不能成为唯一的标准,人也不能为它所困。真正的智慧不在于拒绝利益,而在于守住分寸,知道什么时候该让、该舍。
>
> 因此,我们需要看清,有些钱能不赚就别赚,有些利过线就是祸根。更需要懂得,利可图,但不必贪;利可取,但不应夺。
>
> 心里放下利,脚下才有路。

第三章 互利

相辅相成，抱团把蛋糕做大

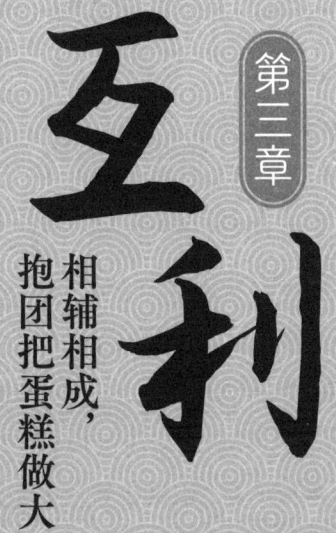

世上没有哪一座孤岛能自给自足。一个人能力再强，也无法脱离他人独自成长。真正的成功从来都不是单打独斗，而是懂得在相互成就中谋求互利和共赢。

互利不只是利益上的分配，更是一种格局：我成全你，就是成全自己；你信任我，我方能安心与你共事。

不愿与他人分利，终将失去合作的机会；不能共担风险，也难以获得真正的信任，最终或许利益受损，或许一无所获。

原文

樵者又问曰："鱼可生食乎？"

曰："烹之可也。"

曰："必吾薪济子之鱼乎？"

曰："然。"

曰："吾知有用乎子矣。"

曰："然则子知子之薪，能济吾之鱼，不知子之薪所以能济吾之鱼也。薪之能济鱼久矣，不待子而后知。苟世未知火之能用薪，则子之薪虽积丘山，独且奈何哉？"

樵者曰："愿闻其方。"

曰："火生于动，水生于静。动静之相生，水火之相息。水火，用也；草木，体也。用生于利，体生于害。利害见乎情，体用隐乎性。一性一情，圣人能成。子之薪犹吾之鱼，微火则皆为腐臭败坏，而无所用矣，又安能养人七尺之躯哉？"

樵者曰："火之功大于薪，固已知之矣。敢问善灼物，何必待薪而后传？"

曰："薪，火之体也。火，薪之用也。火无体，待薪然后为体；薪无用，待火然后为用。是故凡有体之物，皆可焚之矣。"

译文

樵夫又问道："鱼可以生吃吗？"

渔者回答："鱼必须煮熟才能吃。"

樵夫问："那必须用柴火才能烹饪鱼吗？"

渔者答："是的。"

樵夫说："我知道了，柴火是对你有用的。"

渔者说："虽然你知道柴火能用来煮鱼，却不知道柴火为何能煮鱼。用柴火煮鱼的方法自古就有，并非因为你砍柴才存在。如果世人不知道火能利用柴这一道理，那么你的柴火堆积如山，又能有什么用呢？"

樵夫说："我愿意听听其中的道理。"

渔者说："火因为运动而生，水因为静止而生。动静相生，水火相克。水火是作用，草木是载体。水火生于利益，草木生于危害。利与害显现在情感上，体与用隐藏在本性中。圣人之道，在于调和性与情。你的柴就像我的鱼，如果没有火烹饪，便会腐臭，又怎能滋养人的身体呢？"

樵夫又问："我明白了，火的作用远大于柴。那为什么火需要柴引燃呢？"

渔者回答："柴是火的载体，火是柴的作用。火没有固定的形态，需要依附柴才能显形；柴本身没有功用，需要点燃火才能发挥作用。因此，凡是有形体的东西，都可以燃烧。"

问道：
《渔樵问对》中的人生智慧

花花轿子人抬人，互相搭台很重要

清末名商胡雪岩从白手起家到富甲天下，不仅是靠眼光、胆识，更是靠一连串"人抬人、互搭台"的智慧。

胡雪岩年轻时，在一个典当铺当学徒，起点并不高。他的转机来自一次偶然的递话。那年，他帮助一位下乡查案的官员传信，并不求回报，又因言辞得体、行事周全，给官员留下了好印象。

后来，这位官员步步高升，便记住了这个会办事的小伙子。不久，他把胡雪岩引荐给浙江巡抚左宗棠。

左宗棠正缺一位能干、细致又通晓商路的幕僚，感觉胡雪岩已对上了口味。从此，胡雪岩开始参与协助军需调配、粮草采买等事务，并在这一过程中积累了庞大的人脉与丰富的实务经验。

胡雪岩从不吝于为人搭台。朋友生意难做，他会主动介绍渠道；官员资金短缺，他愿意垫款周转；乡里有人办红白喜事，他总会送上份子，话不多但从不怠慢。

尤其在生意场上，胡雪岩深知，做生意不是靠一个人的"算"，而是靠一群人的"愿"。他开办胡庆余堂时，主动邀请友人合股参办，让有渠道的出渠道，有技术的出技术，有经验的出经验。最终不仅稳住了供应，还赢得了"天下老百姓信得过的药铺"之名。

在金融业崛起时，他积极帮扶江南各地的中小钱庄入股汇通银号，自己则以大掌柜之名牵头发债、引资。各地钱庄、商户因他的信誉而愿意入局，汇通银号因此得以迅速扩张。他懂得分享，让别人也尝到甜头，自然有无数人替他出力、护场。

胡雪岩最擅长的不是赚钱，而是让大家都有钱赚；他最懂的不是攀附，而是让别人在他身上看见自己的利益。

哪怕胡雪岩最终因政治风波而败落，但只要提起他，人们想到的不是商贾富可敌国，而是为人仗义、义利兼顾。他用自己的一生证明了一个道理：真正的大人物不是靠攀上谁，而是能带着一群人一起站起来。

当今社会也是如此。一个人单打独斗，可以走得快；但如果想走得稳、走得远，靠的从来不是一个人的力气，而是彼此成就的局面。

事实上，人和人之间的关系有时就像一场抬轿子的仪式。你帮我搭个台，我给你递把梯子，彼此成全，才有上升的通道。

有人问："如果我先搭了台，对方却不感恩怎么办？"答案是：你搭的是台，而不是索命的绳。搭台是为了拓宽自己的边界，是出于一种成熟的协作逻辑，而不是为了逼人还情。

做事的人格局大了，路才长。真正有格局的人懂得先让别人舒服，自己才会被托得更高；真正懂协作的人知道搭台给别人唱戏，其实也是给自己加分。

> 真正厉害的人不是靠压住别人爬上去的，而是靠扶持别人建立起自己的声誉与资源池。你成就的人越多，反过来成就你的人也会越多。
>
> 怕吃亏的人最终吃尽了人情的亏，怕别人"上位"的人往往最先被边缘化，反而是那些甘愿成全别人的人总能在关键时刻获得助力。

古为今用

2016年，W女士和几位朋友联合创办了一家专注于女性成长的咨询公司。起初，公司定位模糊、预算有限、缺乏品牌影响力，几度濒临解散边缘。

而W女士做的第一件事不是投广告、请代言人，而是请朋友们来家里喝茶。每次茶会上，她都精心布置场地，邀请一位不同领域的女性创业者来分享成长经历——不收费、不推销，只真诚地交流。

她还主动给这些分享者设计个人海报、拍摄短片、组织圆桌复盘，并持续发布她们的内容素材。渐渐地，她的朋友圈成了许多女性创业者互相引见的成长社群。

这些被她搭过台的人开始自发地为她"站台"。她请不起专业讲师，就有朋友义务授课；请不起MCN（Multi-Channel Network，多频道网络，指与内容创作者合作或直接生产各种独特内容的任何实体或组织），就有KOL（Key Opinion Leader，关键意见领袖，指拥有更多、更准确的产品信息，且为相关群体所接受或信任，并对该群体的购买行为有较大影响力的人）主动帮她发帖；项目找不到资源时，她只需一个电话，便有人愿意引荐。

公司发展到第三年，已不再依赖原始茶会，但几位早期合作伙伴仍留在她身边，不为回报，只因她从不让人寒心。

后来有人问她:"你当年怎么敢花那么多心思在别人身上?"她答得很简单:"我不是帮他们,我是在和他们一起变好。"

搭台不是损己利人,而是众人拾柴;抬人不是自降身份,而是互利共生。

很多时候,我们总盯着"我多做了什么",却忽略了"别人因我得了什么"。越是厉害的人往往越明白:合作是长期主义的基石,共赢才是最稳固的护城河。

能成事的人往往不是那个最锋芒毕露的,而是那个善于让别人感到自己重要的人。所以,当你有一点资源、有一个平台、有一点影响力时,不妨主动搭个台、拉一把。别吝啬你手里的火,被你点亮的人终会反过来照亮你。

挤进靠谱的圈子，共享红利

在隋唐更替那段风云激荡的历史中，有一个名号响亮的政治集团——关陇集团。它并非某个特定的政党或宗族，而是指那些出身于关中和陇西地区的世家大族，他们在北魏末年至唐初一直是朝政舞台上的主角。

这个集团的雏形起始于北周时期的权臣宇文泰。宇文泰深知在乱世之中，个人英雄难以成局，唯有组织化的力量才能稳定格局、延续权势。于是他广纳关中士族之子，设"六官制"，构建军政合一的权力结构，将原本散乱的世家子弟组织成一个具有共同命运的政治共同体。

宇文泰死后，其旧部之子们依旧紧密合作，这批人后来主导了隋朝的建立——杨坚便是其中的典型代表。杨坚当初虽然只是北周的外戚，但他能迅速登基称帝、统一南北，靠的不是一己之力，而是整个关陇集团在背后提供兵源、官僚、谋臣、将才的支撑。他加入关陇集团，许诺"共治天下"，让关陇士族与他共享江山红利，因而得到了他们的鼎力支持。

隋炀帝杨广即位后，却反其道而行，试图打压关陇势力，扶持江南文士，重新洗牌权力体系。这一改变导致政局迅速失衡，关陇系心生不满，纷纷离心离德，最终掀起各地反叛。隋朝政权因此迅速崩塌。

李渊更是深谙"共享红利，才能成就大业"的道理。他本身就是关陇大族出身，在起兵意图萌生之时，他便四处拉拢旧部、联络世家，承诺"共分功勋"，让大家看到前途。他不在乎官位许多许少，只在乎人能不能先站到他这一边。

第三章
互利：相辅相成，抱团把蛋糕做大

很快，原本四分五裂的关陇集团再次凝聚在李渊麾下，李渊一举拿下长安，建唐称帝。李世民继位后，更是将关陇体系融入制度结构，继行三省六部制，让世家子弟遍布各级政务，成就"贞观之治"。

从宇文泰到李渊再到李世民，关陇集团的命运说明了一个道理：靠谱的圈子一旦形成彼此成就的信任，就会成为最稳固的同盟；反之，若彼此猜疑、各自为政，再强大的同盟也会败于分裂。

很多人想要做成一番事业，却只愿一个人埋头努力。可是，你若不主动融入平台，不搭建协作，不去靠近一群优秀的人，就像站在荒野里喊话，声音再大也没人听见。

圈子不是攀附，不是结交大人物，而是找一群志同道合、互相欣赏的人，在彼此支持中成长，在共同目标中前行。

更重要的是，你进入的圈子得靠谱。靠谱的圈子不一定风光无限，但一定讲规则、守信用、有认知。他们会在你低谷时拉你一把，在你得意时提醒你一句，不让你落后，也不让你迷路。

靠谱的圈子不是给你立功的战场，而是给你托底的平台；真正的红利不只是财富的分配，更是能力、信任与信息的复利。

古为今用

赵先生毕业于一所普通高校，学的是工程检测专业。刚参加工作那几年，月薪不到5000元，工作内容琐碎，几乎看不到晋升的希望。他身边不少同学都转行去互联网、考公务员，只有他还在技术岗位上"熬资历""赚经验"。

但是他做了一个出人意料的选择：每年拿出一个月的工资，参加行业协会的培训和交流活动；每季度去一次省会城市，参加技术研讨会、标准解读会；他还在网上开了一个知识分享号，做一些专业问题的答疑和翻译工作。

最初几次会议上，他是最年轻、最没头衔的一个人。但他从不觉得尴尬，主动做记录、帮忙拍照、整理资料，事后及时在群里分享参会笔记，渐渐得到了协会秘书处和几位专家的关注。

他在某次活动中结识了一位国家标准修订组成员，这位专家欣赏他肯钻研、表达清晰，不久便推荐他参与一个新项目的前期测试。项目成功后，他顺利跳槽到一线城市的龙头企业，薪资翻倍。

几年后，他已是行业中的专家，担任某省技术规范编委。他感慨地说："我没有背景，也没什么运气，只是早点挤进了那个圈子，后来的很多机会不是我主动争取来的，而是他们帮我想到的。"

智慧应用

靠谱的圈子并不需要你八面玲珑，而需要你真诚、靠谱、有点内容。你不必巴结谁，但一定要靠近那些愿意彼此成就的人；你不必强求机会，但要创造让别人记住你的可能性。

当然，你还需要有共赢思维，人与人之间的红利永远来自长期的共赢思维。靠圈子得到利益，同时舍得共享红利，给他人提供最大价值，才能让圈子更稳固，共同走向顶峰。

第三章
互利：相辅相成，抱团把蛋糕做大

分配是一门学问，也是一种手段

汉高祖刘邦起于布衣，能击败项羽、问鼎中原，靠的不只是兵马和运气，更是他深谙"论功行赏"的政治谋略。尤其在汉朝建立之后，他对论功的拿捏，可谓既要讲情理，更要稳大局。

汉代建立伊始，众臣皆等封赏。刘邦却先封了一个"不战不杀"的人——萧何。

这事引发了许多人的不满。有人心中不服："我征战沙场，身披战甲，九死一生，他不过坐守关中，怎配首功？"刘邦却只说了一句话："诸将驰骋疆场，粮草从何而来？若无萧何，尔等安能安身？诸位在外攻城略地，而他于后方稳定国基，是国之栋梁。"

众人哑口无言，纷纷拜服。

这封赏不仅确立了萧何在朝中的权威，也在文臣武将之间画出一道平衡的杠杆。刘邦深知，打天下靠武人，治天下靠谋士，若偏废一方，势必动摇根基。

而更具智慧的一场分配则发生在雍齿事件上。

雍齿曾背叛刘邦，占据丰邑多年，被视为忘恩负义的小人。等到天下初定，众臣皆料此人必被清算。不料，张良却劝刘邦封雍齿为侯。

刘邦震惊："他弃我、辱我，如今还要封他？"张良说："正因他与你有旧怨，若能大度封赏，外人必以为陛下用人唯才，恩怨分明。此举既可安众心，又能显天子之德。"

刘邦沉吟良久，采纳了张良的建议，封雍齿为什方侯。这一举动引发朝野震动——那些观望者、旧敌、地方割据势力皆震服于刘邦的器量与手段。

这两次分配看似"任人唯亲"与"宽纵旧敌"，实则是政治布局的落子。封萧何是扶稳定之骨架；封雍齿是筑广义之人心。功劳可以讲理，但利益要讲术；分得合理，也要分得得人心。

许多人在合作中只讲"公平"二字，认为干得多就该拿得多。可现实是，真正的分配从来不是数字游戏，而是平衡人心、巩固联盟的手段。

刘邦封赏诸臣，从来不盲从战功排名，而是考虑"谁能服众、谁能统下、谁能维稳"。正因如此，才有了吕雉掌后宫、韩信挂帅印、萧何主内政、张良持筹谋——各得其所，各安其心。

分配不是对财物的分发，而是对局势的安排。资源有限，功劳繁多，能不能分好、分稳、分出信服，考验的不是公平秤，而是掌局者的智慧。

越是复杂的组织，越要让每一个人觉得"自己被看见""没有被亏待"。只有这样，才能长期维持队伍的稳定与忠诚。

古为今用

黄某是某大厂的运营主管,带着一个十几人的团队,业务指标每季度都要强力推进,压力极大。一次重要的活动上线,团队连轴运作三周,加班至深夜。项目顺利完成后,公司奖励了两万元绩效奖金,由她负责内部分配。

有人建议:"按出勤时间分。"有人建议:"按职位高低分。"也有人悄悄找她说:"我私下做了不少文案整理,虽然不是主导,但也很辛苦。"

黄某没有立刻回应,而是请所有人吃了一顿饭。饭后,她发出一份分配清单,分成三层:

第一层是主导策划与执行的人,拿到最多的份额;

第二层是出力较多但未担主责的人,奖金略少;

第三层是主动承担琐事、协调资源、默默补位的人,份额虽小,但备注明确记录其贡献,并附上后续提拔计划。

她还特别标注:"本次分配从整体贡献度与团队平衡考虑,若有异议,欢迎沟通。"

结果没人提出反对意见,反而在私下夸她分得明白、讲得清楚。更重要的是,此后团队协作更为默契,那些原本边缘的成员也开始主动承担关键任务。

黄某后来在复盘时说:"我不怕他们对钱不满,我怕他们对我失望。世上许多裂痕表面看似利益冲突,本质上却是'我觉得你不在乎我'的情绪落差。反之,哪怕你分得少,只要讲得清楚、看得起人,别人也会愿意与你共事。"

智慧应用

　　一群人能不能一起干成事，靠的是信任与合力；但干成事之后能不能不散伙、不翻脸，很大程度上取决于如何分配。分得好，是凝聚、是扩张；分得不好，是怨气、是内耗。

　　因此，我们必须记住一句话：分配最重要的是稳住人心。分配的本质不是奖赏，而是立标立信；不是分多分少，而是有没有被看见。

　　分配时不求让每个人都满意，但必须让大多数人觉得值得。将有限资源转化为无限信任，让人们信任你、愿意继续追随你，才是最佳的分配原则。

第三章
互利：相辅相成，抱团把蛋糕做大

摆平"三个和尚没水喝"的人性僵局

一个和尚挑水喝，两个和尚抬水喝，三个和尚没水喝。

这则寓言故事说穿了人性的弱点：人人都盼着有人出力，自己能少干点活儿。这种僵局在家庭里会出现，在公司团队里会出现，在一个联盟组织里更会高频出现。历史上就有一个典型的合作失败的案例——关东联军讨董卓。

东汉末年，董卓专权，废立皇帝，残害忠良，民怨沸腾，朝野震动。

袁绍、曹操、孙坚、刘表等十余路关东诸侯组成联军，号称"共讨国贼"。他们打出的旗号是"匡扶汉室、铲除奸贼"，声势浩大，一度让董卓惊恐万分，甚至焚烧洛阳，挟天子西迁。

这看起来是一场正义之战。然而，这个联盟从一开始就注定无法持久。

各路诸侯虽有共同目标——推倒董卓，但每个人都有自己的算盘。袁绍想借机做盟主，掌握大权；曹操一心立功，意图上位；孙坚怀有讨贼志向，却被猜忌、排斥；刘表稳扎稳打，更愿坐山观虎斗。

因此，名义上的联合其实是各自为营。每家都想"让别人打，我坐收其利"，既不愿出兵，也不想出力，军饷物资更是推诿扯皮。孙坚虽奋勇作战，却因攻占洛阳后拔得头筹，反而被袁绍以"私取传国玉玺"为由抹黑。曹操屡提进攻计划，也无人响应。

联盟最终在"你看我不顺眼，我看你没诚意"的互撑中瓦解。董卓非但没被灭，反而因敌人内讧而成功脱身，重整兵马。

这个联盟失败的根本原因不是战斗力不够，而是没人愿意真出力。表面上大家都说"为了汉室"，可背后想的却是"怎么让别人先死"。每个人都在等待别人先动、自己后收，于是联盟就成了一盘散沙。

董卓其实没有主动出奇谋，他只做了三件事：稳住基本盘、不出大错、耐心等分裂。联盟之败是他们自己把局面拱手让出。

智慧解析

就像一家公司说要"冲刺业绩"，老板希望利润增长，提高品牌声量；销售盯的是提成；客服盼的是客户别投诉；行政只想流程别太乱。这种情况下，若没有明确分工、协调机制，最终只会演成一地鸡毛：有人拼死拼活，有人能躺则躺，有人拱火内讧，有人看热闹不嫌事大。

关东联盟正是如此：他们有共同的敌人，却没有共同的利益结构，也没有统一的指挥与资源配置机制。一个目标底下，掩藏着一堆不愿挑水的和尚。

他们并非不知道局势凶险，只是不愿为别人的成功作嫁衣；他们也并非没有能力，只是习惯站在自己是不是最大受益者的角度衡量一切。

如果没有一套规则、一种信任机制来摆平人性中的算计本能，合作注定失败。合起来时声势越大，散的时候摔得就越惨。

第三章
互利：相辅相成，抱团把蛋糕做大

陈某曾是某互联网创业团队的运营负责人，领导一个四人小组，任务是上线一款新产品。团队成员背景各异：有人是资深技术人员，有人擅长文案，有人负责资源对接，有人负责数据支持。按理说，各有所长，配合应该不难。

项目运行初期，大家斗志昂扬，可干了两周后，陈某发现团队效率严重下滑。文案拖稿、技术甩锅、资源部催不动，人人都等别人先动。

陈某开始怀疑："明明大家都认同项目目标，怎么执行起来一团糟？"

他仔细分析后发现，问题出在"谁该出多少力，谁该承担多少风险，最后怎么分成果"这些事没人说清楚。每个人心里都怕吃亏，都盼着别人先动手，于是整个项目就像一口没人添柴的锅，光冒热气，不见成菜。

后来，他重构了合作规则：明确分工，划定职责；每周复盘，一人汇报，其余人评分；项目成功后，根据评分与贡献分配奖金。同时，他主动放权，让成员自选分工并互相监督。

结果不到一个月，团队恢复活力，产品如期上线，还获得了用户超预期的反馈。事后，陈某感慨道："人不是不想合作，只是不想当傻子。你若不先设计好规则，光喊团队协作，那就是空话。"

一个目标之下，人性会自发地产生比较与博弈；一个团队内部如果缺乏分工明确、权责清晰、利益共享的机制，就算大家站在同一个起点，也会走出不同的方向。

因此，要打破合作的僵局，必须洞悉人心，不打"感情牌"，而是建立一个能让人信服的合作机制。人人愿意出力，愿意担责，并能获得相应的利益，自然能尽快实现目标。

问道：
《渔樵问对》中的人生智慧

一切合作的核心，都是价值交换

东汉末年，天下三分未定，曹操挟天子以令诸侯，声势浩大，眼看就要兵临江南。此时的孙权虽雄踞江东，但面对几十万曹军水陆并进之势，也倍感压力。

而刘备此时不过寄人篱下，兵不过万，粮不过旬，若非诸葛亮一番舌战群儒，甚至无法取得孙吴一丝信任。

但孙权为何愿意借兵给刘备？为何将妹妹孙尚香许配给这个中年落魄汉？为何肯把荆州这样重要的门户借给刘备去"托管"？

答案其实并不复杂：他需要一个屏障。东吴地窄人稠，北面就是虎狼之地，若刘备肯挡曹操的矛头，那就是一副免费的肉盾；若刘备能成，则孙权可借其制衡曹操，坐看天下变化。

孙刘联盟的本质不是情谊，而是利益的暂时互补。

事实也确实如此。赤壁一战后,曹操北撤,刘备得荆州、占益州,羽翼渐丰;而孙权虽在东南固守,却也逐渐意识到刘备已不再是那个"寄人篱下的客将",而是"势均力敌的邻居"。

于是,冲突开始了。先是荆州归属之争,后有关羽北伐不顾孙权,导致东吴翻脸背刺,吕蒙白衣渡江,关羽败走麦城。再之后,夷陵之战火起,刘备倾国伐吴,却一败涂地,从此元气大伤。

昔日的合作盟友最后成了彼此的掘墓人。而在他们自相残杀之时,曹丕趁机称帝,司马懿悄然布局,为后来的一统三国埋下伏笔。

这场合作从一开始就不是兄弟情深,而是各取所需。没有谁亏欠谁,也没有谁背叛谁。只是当价值不再对等,交换失衡,合作也就走到了终点。

"合作"两个字看起来光明正大,听起来道义满满,但若将其外衣掀开,本质其实只有一个词——交换。不论是联合抗敌,还是抱团取暖;不论是你请我吃饭,还是我帮你提拔,底层逻辑都逃不过一句话——你能给我什么,我能给你什么。

若没有利益上的匹配,就算思想高度一致,也难以长久;而如果利益绑定得足够牢固,哪怕理念相左,也能短期共事。

若看不清这点,盲目信任,或自以为义气当先,最后往往只能换来吃力不讨好。

古为今用

黄先生曾是一家咨询公司的经理,在职业平台上认识了李先生,一个手握资源、有丰富客户人脉的自由职业者。

两人聊得很投机,决定合伙创业。黄先生出方案、带团队,李先生提供人脉、开拓客户。前期一切顺利,客户不断,收入也稳步增长。

但半年后,问题出现了。李先生迟迟未能带来新项目,只参与最初几个老客户的维系;黄先生则日夜加班、招兵买马,扛住了项目的全部执行压力。

黄先生曾提出重新商议分成比例,李先生却觉得是"情分被背叛",坚决不退让。双方矛盾激化,公司几近瘫痪。后来,黄先生独立重启公司,生意虽起步艰难,却重新掌控主动。而李先生则失去依附平台,再难回到当初的盈利状态。

后来,黄先生说:"我不是跟他有仇,而是我们之间的价值已经不对等。他需要我的时候,我们是合伙人;但我不再需要他的时候,我们就没有交换基础了。"

真诚是交换的一种形式,共赢是交换的高级体现。合作的本质从来都不是口头承诺,也不是情感绑定,而是双方在一段时间内能彼此提供价值,且价值对等。所谓"共赢",其实是"我赢了,你也没输";所谓"背叛",其实是"你已经给不了我想要的了"。

因此,若是想与人合作,那你必须拿出相应的价值去交换。若发现别人不愿再合作,也不要苦苦强求,甚至抱怨、记恨。或提升价值,或转身离去,寻找新的合作伙伴,才不至于颜面尽失。

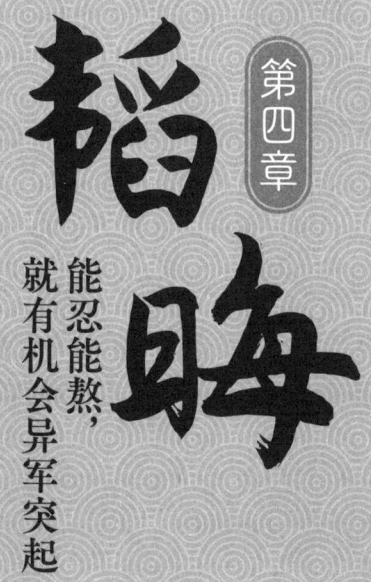

第四章 韬晦

能忍能熬,就有机会异军突起

在这个世界中,总有人站在聚光灯下,也总有人默默地站在暗处。他们不是不想发光,而是在韬光养晦,积蓄力量,等待天时、地利、人和。

韬光养晦不是懦弱,而是一种远见。

事实证明,真正聪明的人不是一味向前冲的猛将,而是那些懂得在局势不利时沉潜蓄力的人。正因为他们忍得住误解、熬得住冷遇,不在该收的时候强求,不在该忍的时候出头,所以最终异军突起,成就非凡。

原文

樵者谓渔者曰:"无妄,灾也。敢问何故?"

曰:"妄则欺他,得之必有祸,斯有妄也。顺天而动,有祸及者,非祸也,灾也。犹农有思丰而不勤稼穑者,其荒也,不亦祸乎?农有勤稼穑而复败诸水旱者,其荒也,不亦灾乎?故《象》言'先王以茂对时,育万物',贵不妄也。"

樵者问曰:"姤,何也?"

曰:"姤,遇也。柔遇刚也,与夬正反。夬始逼壮,姤始遇壮,阴始遇阳,故称姤焉。观其姤,天地之心亦可见矣。圣人以德化及此,固有不昌。故《象》言'后以施命诰四方',履霜之慎,其在此也。"

译文

樵夫问:"无妄卦象征灾祸,请问这是什么原因?"

渔者答道:"'妄'是欺骗他人的行为,通过虚妄手段得到的东西必定招致祸患。若顺应天道行事,即使遇到灾祸,也并非人为的'祸',而是天意的'灾'。就像农夫渴望丰收却不勤于耕种,导致田地荒芜,难道不是自身招致的'祸'吗?农夫辛勤耕作却因水旱天灾而导致灾荒,难道不是不可抗的'灾'吗?因此《易经》象辞说'古代君王以诚心顺应天时,养育万物',贵在不刻意妄为。"

樵夫又问:"姤卦讲的是什么?"

渔者回答:"'姤'是相遇之意,象征柔弱与刚强相遇,与夬卦相反。夬卦是刚强逐渐逼退柔弱,姤卦则是柔弱初遇刚强,阴气刚刚遇到阳气,所以称为姤。观察姤卦,可见天地运行的规律。圣人以德行教化天下,万物昌盛,阴阳调和。因此象辞说'君王颁布政令昭告四方',提醒人们要如'履霜知冰'般谨慎,道理就在于此。"

问道：
《渔樵问对》中的人生智慧

越是高人一等，越容易成为众矢之的

　　韩信出身寒微，最初只是个连温饱都成问题的小兵。可就是这样一个被人耻笑、落魄无门的年轻人，却在战乱四起的年代里，以过人的军事才华脱颖而出。

　　韩信投奔刘邦，最初并不受重用。直到萧何月下追韩信，才真正改变了他的命运。随后，韩信被拜为大将，横扫千军，破赵，取燕、齐，堪称西汉开国功臣。刘邦能从项羽手中夺得天下，韩信功不可没。

　　但韩信也正是在这个阶段，渐渐走到了命运的边缘。

　　他太能打，太有功，太耀眼。人心易变，主君多疑——韩信的光芒让刘邦心惊，也让吕后忌惮。他先是被贬为楚王，后又迁为淮阴侯，最终以"谋反"之名在长乐宫被围杀。

　　临死前，他不禁感叹："吾悔不用蒯通之计耳。"

　　韩信不是不聪明，他看得见自己被压、被削，但他始终不愿低头。他对自己的功劳过于自负，也低估了自己"功高震主"的结局。他输了，不是输在战场上,而是输在锋芒太露。

相比韩信,萧何要"乏味"得多。

萧何不冲锋陷阵,不披甲持戈,甚至很少在前方露脸。但在刘邦起家的整个过程中,他是后勤中枢、财政大臣、战略参谋、情报主管、人才伯乐。他能识韩信,也能稳关中;他能断项羽退路,也能修法定制,政务繁重无一懈怠。

而他的聪明之处在于永远让刘邦安心。他有功,却从不邀功;他能干,但永远把皇帝抬得更高;他手握权柄,却把"忠诚"二字写进骨子里。最经典的一幕是吕后杀韩信之后,萧何知道局势凶险,立即上书请罪,自陈"知情不报、愧对朝廷",请求削官罚俸。

刘邦听后不但没惩罚他,反而感慨:"天下贤相,萧何第一。"

萧何保住了自己,也保住了家族,活得长,活得稳,在汉初权臣中独一无二。因为他懂得,有时候,不争就是最大的智慧;不在明处炫耀,才能在暗处积蓄。

韩信与萧何同样为刘邦所用,同样功劳显赫,最终却落得截然不同的命运。差异就在于,一个在明处争风头,一个在暗处稳根基。

人往高处走,这是本能,但走得太快、太猛,未必是好事。就像爬竹竿,越往上爬,越容易晃动不稳。站得高,看得远,也更容易被盯上;太亮的光芒往往引来风雨。

在复杂的人际关系、权力游戏、职场生态中,很多人总以为,努力就会被看见,出成绩就能得回报。可现实往往相反,你越是锋芒毕露,越容易引起别人的不安;你越是高人一等,越容易成为众矢之的。

 古为今用

郑某是某科技公司的项目总监，年纪轻轻就带领团队完成了多个重磅项目，公司上下都知道他的才华，董事会也多次公开表扬他。然而，也正是因为太出风头，他引起了副总经理的"特别关注"。

在一次跨部门项目分配中，郑某越级向总经理提建议，直接点出副总经理的管理失误，并附带一份优化建议方案，赢得了总经理的当场称赞。可一个月后，郑某却被调岗，从核心业务部门调往边缘部门，名义上提升为战略发展顾问，实则被架空。

郑某委屈万分，愤然离职，后来才感慨道："当时我太心急了。我只想解决问题，却忽略了别人的感受和布局。"

 智慧应用

现实中，很多人不是输在不努力，而是太急着被看见，太想证明自己，太想立功，太想让别人知道"我最强"。然而，爬得太快、太猛的人，容易成为标靶；而那些藏得住光芒的人，才能更长久地拥有未来。

所以，聪明人从不炫耀，也从不抢戏。真正高明的人不是拼命往前冲，而是知道什么时候该站出来，什么时候该退一步。他们知道，只有让别人安心，才能让自己安身；只有藏锋于内，才能久居其位。

因此，我们要学会韬光养晦、藏锋于内。这不是窝囊、忍让，而是清醒地懂得，适时、适当地收，是为了更好地放。

第四章
韬晦：能忍能熬，就有机会异军突起

在绝对实力面前，要有装傻的本事

蜀汉末年，国力早已疲弱。诸葛亮死后，蜀中无人能继其志。刘禅虽贵为皇帝，但在朝堂上多听姜维之言，在政事上也多倚黄皓等近臣，朝政日渐腐化，民生凋敝。

魏国早已对蜀国虎视眈眈。公元263年，钟会与邓艾率军南下，蜀军节节败退。最后，邓艾率领一支奇兵绕过险道，直接杀入成都附近。蜀国朝野震惊，军无斗志。

这时，刘禅没有强撑到底，而是果断选择投降。他说得坦然："天下大势如此，何苦再生杀戮？"

蜀国灭亡后，刘禅被送往洛阳，改封为安乐公。司马昭对他极为宽待，赐宅第、赏金帛，生活优裕，子孙亦得善养。有一次，司马昭设宴招待刘禅，故意让乐师奏起蜀地旧曲，试探他是否"思蜀"。刘禅却面色如常，淡淡笑着说："此间乐，不思蜀也。"

这句话让后人笑他无耻、没骨气，可正是这份识相，表面看是糊涂，其实是清醒；看似懦弱，实则是智慧，最终换来了全族的安宁。司马昭大笑，内心彻底放下防备，从此刘禅再无后患，活到六十余岁才安然离世。

而五代南唐后主李煜却走上了截然相反的道路。

李煜自幼琴棋书画样样精通，尤其词作才情横溢，开创一代婉约词风。但他并非不知政事之人，只是在重文轻武的家风中，逐渐养成了温软的性格，不擅权谋。

宋军南下之际，李煜虽组织抵抗，但因战力孱弱，很快被俘，被押至汴京。他被封为"违命侯"，表面上衣食无缺，实则失去自由。但李煜的问题在于，他虽身陷囹圄，却不懂得闭嘴。

李煜在北宋生活期间，继续写词，其中一首《虞美人》流传甚广，词中写道：春花秋月何时了，往事知多少？小楼昨夜又东风，故国不堪回首月明中。

宋太宗赵光义看后勃然大怒——你都亡国了，还"故国""小楼"，这不是提醒我"你曾是君"吗？

不久，李煜被赐鸩而死，年仅四十二岁。一位才子君主最终落得悲惨收场。

两位亡国之君——刘禅和李煜，就是鲜明的对照。一个看似软弱无能，却得以善终；一个文采风流，却难逃屈辱一死。差别不在才华，而在是否识时务。

刘禅懂得，"我是俘虏，不能有主见"；李煜却以为，"我是诗人，可以抒情"。一个能认清时势，一个沉浸在自己的世界里；一个主动装傻，一个执着表达。

人生在世,谁都不愿被人当成"傻子"。可在风云变幻的局势里,那些懂得装糊涂、会低头的人,往往比一味逞强的人更能全身而退。

真正的聪明人从不一味争胜,而是看清局势之后,选择一条"可活、可藏"的路,尤其是在对手强大、自己势单力薄的时候。能认怂,不丢人;能装傻,可保命。

这个世界很少惩罚装傻的人,却常常收拾那些"太聪明"的人。你以为人家喜欢你直言不讳,其实人家只是要你听话配合;你以为表达真情能换来尊重,其实不过是自找麻烦。

田某是某互联网公司的技术骨干,年仅32岁便掌握了核心算法专利。但是,在晋升技术总监的竞选中,他却屡屡败给资历更浅的同事。某次产品发布会上,他当场指出CTO(Chief Technology Officer,首席技术官)演示数据的误差,导致技术部全员季度奖金被扣,CTO当场黑脸。

随后,他吸取教训,开始展现出超绝的钝感力,装傻、装愚。

当CTO提出违背技术原理的方案时,他不再直接否定,而是拿着铅笔挠头:"这个交互逻辑挺有意思的,不过我有个疑问,如果用户同时触发A、B两个指令,系统该优先响应哪个呢?"引导对方自己发现漏洞,既保全了对方的颜面,又让对方注意到他的全局思维。

果然,一段时间后,他晋升技术总监的任命书下来了。

田某无疑是懂行的,之前升职受阻,是因为他不懂装傻、装糊涂。之后,他懂得了装傻,懂得了迂回,所以让上级改观,赢得了青睐。

> 这个社会从来不缺聪明人,缺的是看得透也忍得住的人。当然,装傻不是让你放弃尊严,而是让你看清局势;不是让你永远隐忍,而是让你知道什么时候不争。
>
> 让自己看起来笨拙、平淡,甚至无为,才不会变成别人的靶子,才能获得真正的周全。

第四章
韬晦：能忍能熬，就有机会异军突起

如果段位不够，就别去与人争公平

李白是盛唐才子，却在权势圈中被捉弄、被轻视，一生虽有才名，却始终不得志。而其中最关键的原因在于他段位未至，却急于争高下。

开元年间，李白名满天下，诗名远播。后来，在玉真公主的举荐下，他终于入朝为官，被唐玄宗召见。对于一个怀才不遇多年的文人来说，这是天大的荣耀。

但李白并没有"官场第一课"的自觉。他以为皇帝赏识的是他的才情，却不知在满朝文武眼中，他只是一个没根底的外来人——既无门第，也无派系，唯一倚仗的就是一身孤傲的诗骨。

唐玄宗宠他一时，让他草诏、陪宴，甚至赐金赐马。可正是这份格外的待遇才引来了满朝权贵的不满。

据《旧唐书》记载，有一次，李白受命写《清平调》词，为唐玄宗与杨贵妃歌舞助兴。高力士本是宦海权臣、唐玄宗身边的大太监，李白却恃才傲物，非要他脱靴磨墨。这在礼制森严的宫廷中是极大的不敬。

高力士虽表面顺从，心中却记恨不已。他将李白所作的《清平调》故意歪解，说其中"云想衣裳花想容"乃是讽刺杨贵妃"色衰而爱弛"。杨贵妃听后勃然大怒，唐玄宗也开始渐渐冷落李白。

这位"诗仙"本有机会在朝中立足，却因为不懂官场水深，动了不该动的人，轻慢了不该轻慢的势力，最终被驱出长安，流落于民间。

人这一生，有时输的不是能力，而是段位。李白败就败在太过恃才傲物，却不知真正的"江湖规则"从来不是才华，而是话语权。而话语权的基础是位置、资源、人脉，是你站在哪个圈层。

他一生高唱"安能摧眉折腰事权贵，使我不得开心颜"，听来固然痛快，却也是失势者的无奈之语。说到底，不是诗不好，而是他不明白，在权力结构中，公平不是争来的，而是位阶够了，才自然拥有的。

> 段位不够时，去争公平，无异于赤手空拳闯虎穴。你还在讲对错，人家已经在权衡利弊；你只想着申辩，人家却已经想好如何让你闭嘴。你以为自己受了委屈，非得讨个公道，但在更高段位的人眼中，那不过是一场自取其辱的"碰瓷"。
>
> 聪明的人在段位不够时，往往懂得隐忍。这不是怯懦，而是不争。不争一时之气，而是藏锋养锐，等风来。若不懂这个道理，非要去争，争公平、争对错，只能自讨苦吃。

陶先生是某大型互联网公司的中层，业务能力强，常年带项目、管团队，一向以敢说敢做著称。一次年中复盘会议，集团新上任的副总裁提出某项改

革建议,陶先生现场指出方案存在大量盲点,甚至与实际脱节。

他说得句句在理,甚至举出多个具体的失败案例,令现场的高管们一时语塞。

结果不到三个月,陶先生就被调至运营支持部,职位不降,资源全空。他很快意识到,自己说对了话,却选错了场合——那位副总裁是董事长的亲戚,是空降来磨炼的,不可触碰。

而与陶先生同期的王总,则在会议后私下写了一份报告,把问题与建议婉转地递交到副总裁秘书处,不久,改革方案确有调整。更重要的是,王总随即被调任新组建的战略组,成了副总裁的"自己人"。

陶先生并非不聪明,只是没明白,不是"话对"就该"出声",讲真话不是错,但要看对象、时机、段位。

真正高段位的人往往最懂藏锋,他们在不属于自己的舞台上从不争主角;他们知道,世界有时候确实不公平,但他们也知道,靠吼不能改变规则,靠等、靠熬、靠积蓄实力,才有登顶的可能。

段位不够,就别急着揭短、讨公道。你不服的是事,别人盯的是人。你想讲道理,人家看的是你的背景、靠山、身份。

所以,如果你段位不够,就要学会管住嘴、藏住锋、认清局。等到段位够了,自然能说自己想说的话,走自己想走的路,得到自己想要的公平。

问道：
《渔樵问对》中的人生智慧

知道什么时候该开口，什么时候该闭嘴

东汉末年，袁绍身边有两个人，注定走向截然不同的命运：一个是敢言直谏但不识时务的田丰，一个是洞察人心、善于审时度势的刘备。

公元 200 年，袁绍坐拥冀、青、并、幽四州之地，兵强马壮，志在一统天下。他认为时机已到，便决定挥军南下，讨伐曹操，图取许都。此时的曹操刚刚击败吕布，拿下徐州，实力虽然疲敝，却因统一北方大势初显，民心士气正旺。

朝堂之上，文武百官犹疑不定，谁都不愿第一个开口表态。田丰却偏偏不识时务，第一个站出来劝谏。他神色坚定地说："主公，此战不宜。此前许都空虚，乃破敌良机，可惜未把握住。今曹操得地扩军，士气正盛，仓促南征，恐贻后患。"一席话句句在理，却无异于当众揭袁绍的短处——他犹豫太久，已错失良机。

这话虽中肯，却不中听。袁绍面色微变，虽然没有当场发作，眼中却已隐现杀机。他冷冷一笑，转头看向刘备："玄德以为如何？"

刘备心中暗自盘算，他深知此时说错一句话，轻则失宠，重则性命不保。自己的家眷还在许都，若反对出兵，必被怀疑通曹。于是他揣摩袁绍心意，顺势说道："曹操欺君罔上，理当讨伐。若我等袖手旁观，天下人心尽失。"

袁绍闻言大喜，当即点头称善，下令南征。然而，此时田丰仍不甘沉默，连夜再次跪谏，甚至不惜痛哭流涕："主公若执意而行，恐悔之晚矣。此战若败，社稷动摇，悔之何及！"袁绍这下彻底被激怒，猛拍几案，将田丰打入大牢，等战后再作处置。

官渡之战，袁军粮尽援绝，被曹操一举击溃，十几万兵马一夕成空，北地震动，军心动摇。战败的消息传入狱中，狱卒悄悄告诉田丰："先生高见已验，主公必将重用您。"

田丰却仰天长叹，苦笑着摇头："袁绍外宽内忌，宁失城池，也不认过失。若我活着，便是他脸上的羞耻。我必死无疑！"

果不其然，袁绍归来第一件事便是下令处死田丰，以绝后患。忠言未被采纳，反成性命之祸，田丰至死也不曾违背初衷。

而刘备在那场动荡中全身而退，借势脱离袁绍，南下投奔刘表，避祸保身，留得青山，终有一日再起波澜。

事实上，田丰死得并不冤。他不是输在判断错了，而是输在不知进退。他该说的时候说了，不该说的时候还要说，结果把自己从谋士的位置送进了棺材。

而刘备则懂得识时避祸，知道什么该说什么不该说，知道如何说才能迎合袁绍的心意，所以才能保全自身，最终东山再起，成就大业。

很多时候，不说比说更重要，说得对比说得多更重要。

真正聪明的人不是所有时候都在发声，而是知道何时该言、何时应默。一个人的判断力不仅体现在他能说什么、说得多有理，更体现在他能不能在不该说的时候管住嘴、稳住心。

这种分寸感不只是古人的智慧，更是现代社会一种不可或缺的修行。

行政主管周某刚接手公司年度盛典筹备工作，便遭遇了棘手的难题。董事长秘书转达高层意见，要求在年会中加入"员工吐槽管理层"环节，本意是展现公司的开放氛围，却让周某嗅到了潜在的危机——往年类似的活动常因员工情绪宣泄失控，导致上下级关系僵化。

策划会上，新入职的活动专员小张当场反对："这种环节根本起不到正向作用，去年不就闹得很尴尬吗？不如直接取消！"此言一出，会议室瞬间安静，几位老同事纷纷低头回避目光。

周某笑着打圆场："小张提的问题很关键，咱们先记录下来，后面重点讨论优化方向。"

散会后，周某带着精心准备的资料，敲开了董事长办公室的门。她先肯定了这个创意的积极意义，随后拿出历年的活动数据和员工匿名反馈："您提出的互动形式特别有新意，但结合往年的经验，直接吐槽可能会让部分管理者感受到压力。我准备了三个替代方案，比如'金点子信箱'匿名征集，既能收集建议，又能保护大家的表达空间。"

最终，董事长采纳了周某的方案。年会当晚，"金点子颁奖"环节成为亮点，既收集到了有价值的改进建议，又避免了矛盾冲突。

半年后，部门架构调整，周某因出色的沟通协调能力，被提拔为总经理助理。

在给后辈分享经验时，周某感慨道："职场里的每句话都是机会，但比说话更重要的是读懂话背后的需求。该开口时用专业赢得信任，该沉默时用观察把握全局，这才是真正的职场分寸。"

智慧应用

职场里，说话是能力，沉默是智慧。把握说话的时机，用更合适的方式来表达，才是正确的选择。

当你站的位置还不够高，话语权还不属于你时，你最该修炼的就是说话的本事。你要知道什么时候该开口，什么时候该闭嘴，更重要的是读懂对方的需求，说出最恰当的话。

控制住情绪，才能掌控局势

明代徐阶是一个极懂得隐忍与蓄势的人。

嘉靖末年，朝廷内外几乎被严嵩父子操控得水泄不通。严嵩官至首辅，其子严世蕃权势熏天，朝中正直之士不是被贬就是被排挤，人人自危。

此时，徐阶悄然崭露头角。他出身寒门，沉稳谨慎，才学过人，被嘉靖帝任命为内阁次辅。外人皆以为徐阶是严嵩的人，只有徐阶自己深知，此时此刻绝不能贸然起事，硬碰硬只会自取灭亡。

徐阶每日都在严嵩的眼皮底下做事，言辞谨慎、毕恭毕敬，甚至屡屡称颂其"治国有方"，还亲自为其撰文粉饰功绩，令严嵩深受感动。

然而，暗地里，徐阶却在步步筹谋。他悄悄地提拔一批忠诚的有识之士，稳固自己的羽翼，又不动声色地收集严嵩父子的种种罪证。他知道，只要自己不率先掀桌子，严嵩就不会怀疑，也就不会提前发难。

第四章
韬晦：能忍能熬，就有机会异军突起

真正的转折点出现在嘉靖帝去世、穆宗即位之际。新帝登基，局势变动，严嵩父子一时失去了靠山，徐阶见时机已到，于是联手张居正、高拱等人发动反击。

徐阶调阅大量密档，逐条清查严嵩父子贪墨侵占的证据，同时将严世蕃一手策划、谋害忠良的内幕整理上报。最终，朝廷定罪，严嵩被罢官削籍，严世蕃被斩于市。

一时间朝野震动，而徐阶却只是淡淡地说："利器不可轻动。杀人之术不在一怒，而在一谋。"

徐阶始终没有做那个率先掀桌子的人，而是保持隐忍不发的姿态，做那个真正收拾残局的人。正是这种谋定后动，才让他在风雨飘摇的政局中逆流而上，执掌大权多年，成为明代稳健的权臣之一。

智慧解析

人性中最容易冲动的部分往往在愤怒时显现。而能否压得住情绪、控得住局势、忍得住委屈，正是拉开人与人之间格局高低的关键。

真正的高手从不靠一时之勇赢得局势，也不是第一个"亮剑"的人，而是最后那个稳稳接住残局的人。他会藏锋不露、步步为营，把每一次不争变成下一次胜出的台阶。

他明白，一旦率先掀了桌子，就意味着放弃了主动权。无论有多大的道理、多高的身份、多深的委屈，一旦情绪先行，理智退后，接下来就只能被情绪反噬，被局势牵制，被别人牵着鼻子走。

所以，他在强权面前不发怒，在羞辱面前不争辩，在看似不公时保持沉默。他用时间来打磨局面，用沉默让对方犯错，用不动声色保全全局。

古为今用

在一个大型传媒集团,副总编陈某与新任总编关系紧张。新总编空降而来,锐气逼人,对原班人马颇多微词,意图全面"换血"。

陈某虽资历最老,却始终不与其正面冲突,也不在背后发难。他只是默默带队做好项目,保持团队稳定,并主动请缨分担多个棘手任务,业绩反而一路领先。

几个月后,新总编因激进改革遭到高层问责,公司高层开始反思策略,陈某成为替补首选。调任前夜,高层找陈某谈话时问道:"为什么你一直都不争?"

陈某只是笑了笑,说:"没必要在风最急的时候发力,水清了,自然知道往哪儿走。"

智慧应用

很多人误以为,隐忍是软弱,是放弃自我,其实正相反,隐忍不是软,而是极致的强,是另一种形式的进攻。

不率先掀桌子,并不意味着你什么都不做,而是你有更大的图谋与更充分的准备。当别人情绪失控、乱了阵脚时,你却稳如泰山;当别人还在表面较劲时,你已另起炉灶、抢占高地。

所以,在面对纷争与人际博弈时,你一定要牢记一个原则:控制住情绪,才能掌控局势。

第五章 心性

自洽内求，活出自己的样子

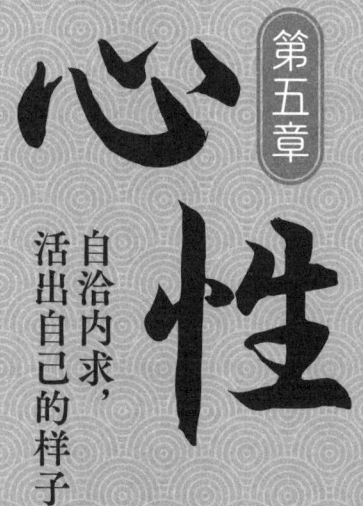

一颗不动如山的心，是穿越人生风雨的根。

在时代的激流中，有人沉溺于焦虑，有人游刃有余，差别往往不在于机遇，而在于内心的稳定。内心若是杂乱，就容易被外界牵着鼻子走；内心若是澄明，就能在纷扰中辨清方向。

世人皆求外在的确定感，却忽视了内在的稳定才是真正的根基。

自洽，不盲从别人，也不违拗自己，才能活得清醒，游刃有余；内心稳定，不热衷于证明什么，不苦苦追求什么，才能不焦虑，活出自己的样子。

原文

渔者与樵者游于伊水之上。渔者叹曰:"熙熙乎万物之多,而未始有杂。吾知游乎天地之间,万物皆可以无心而致之矣。非子则孰与归焉?"

樵者曰:"敢问无心致天地万物之方?"

渔者曰:"无心者,无意之谓也。无意之意,不我物也。不我物,然后定能物物。"

曰:"何谓我,何谓物?"

曰:"以我徇物,则我亦物也;以物徇我,则物亦我也。我物皆致,意由是明。天地亦万物也,何天地之有焉?万物亦天地也,何万物之有焉?万物亦我也,何万物之有焉?我亦万物也,何我之有焉?何物不我?何我不物?如是则可以宰天地,可以司鬼神,而况于人乎?况于物乎?"

译文

渔者和樵夫二人在伊水边游玩。渔者感叹道:"世上万物繁盛,却并不纷乱繁杂。我明白在这个繁杂的世间,其实万物都可以因为无心而活得自在。若没有你,我又和谁一同领悟这一道理呢?"

樵者问:"请问如何以无心顺应万物?"

渔者答:"所谓'无心',就是没有刻意的意念。这种无意的状态,就是不把自我与外物对立。不将万物视为依附自我的存在,便可以真正理解和驾驭万物了。"

樵者问:"那什么是'我'?什么是'物'呢?"

渔者答:"若让自我屈从于万物,那么'我'也成了万物;若

第五章
心性：自洽内求，活出自己的样子

让万物屈从于'我'，那么万物也成了'我'。当自我与万物融为一体，自然能明悟真理。天地本是万物的一部分，没有万物何来天地？万物也是天地的一部分，没有天地何来万物？万物与自我本是一体，哪里有什么界限分明的万物？'我'与万物本无差别，哪里有什么特定的'我'呢？'我'与万物之间一脉相承，哪有什么事物不属于'我'的范畴？哪有什么'我'能脱离万物而存在？若能领悟其中的道理，便可以主宰天地，驱使鬼神，更何况寻常的人和事物呢？"

对生活不苛责，对自己不苛求

唐代药山禅师有一次带着弟子们外出，在山野间静坐参禅。忽然，众人抬头望见前方山坡上有两棵树：一棵绿意葱茏，枝叶繁茂；另一棵枯败如柴，形影凄凉。

药山禅师指着那两棵树，语气平淡却带着玄机："这树是荣的好呢，还是枯的好？"

弟子道吾抢先回答："荣的好。"他心直口快，想到的就是"生机盎然"胜过"枯槁凋零"，也反映了他修行之路上"积极作为"的一面。

云岩随后答道："枯的好。"他看的并非表象，而是"枯"中的"寂"，是禅门追求"空"的另一种心境，寓意修道者应当淡泊宁静、无执无累。

这时，一位俗姓高的年轻沙弥恰巧经过，药山禅师也向他提出同样的问题。沙弥淡然地说："荣的任它荣，枯的任它枯。"

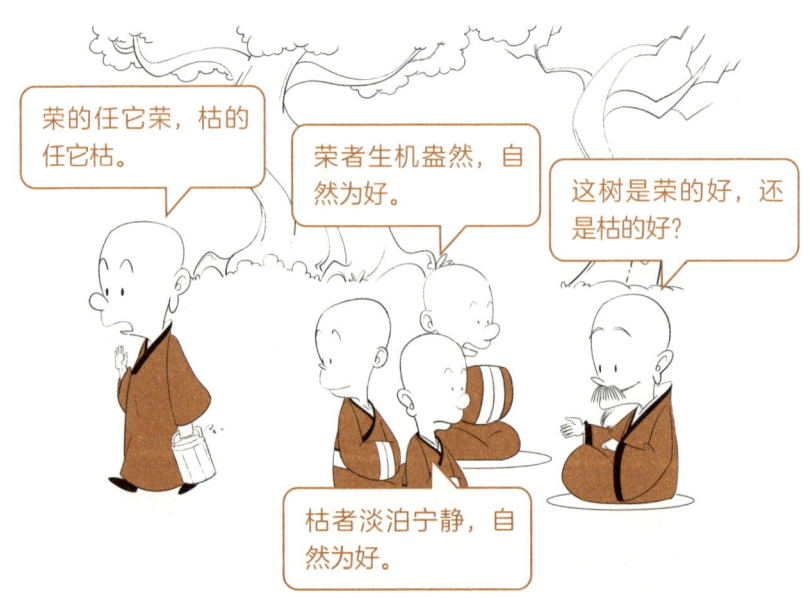

第五章
心性：自洽内求，活出自己的样子

药山禅师听罢，当场点头。沙弥未站队、不分别，不落入二边。他既不因荣而喜，也不因枯而忧，看似无为，实则超然。

草堂禅师日后在偈中这样评价这段公案：

> 云岩寂寂无窠臼，灿烂宗风是道吾。
> 深信高禅知此意，闲行闲坐任荣枯。

这四句偈语表明三人的路径虽异，各有见地，但真正悟道者是那位"任它荣枯"的沙弥。他不求变化，也不拒变化，能顺其自然，不执于分别，才是心性的最高明之处。

所谓"任它荣枯"，不是不作为，而是不过度作为；不是懒散退让，而是顺势而行。不责于外界，不累了自己，活得清醒而通透，才是一种真正的通达和自在。

然而，现代社会节奏飞快，很多人活得像"战士"，日日冲锋，事事较真，拼尽全力争一个"赢"字。但如果总是事事攥紧，就容易疲惫到崩溃；如果心中处处设限，就容易陷入无止境的内耗。

我们需要明白，不是所有努力都会开花，不是所有坚持都能结果。与其焦虑奔忙，不如退一步，看看内心是否还有喘息的空间。

与其纠结，不如顺其自然，"荣的任它荣，枯的任它枯"，如此心中便无累赘，遇喜不狂，遇悲不怨，方能真正安顿好自己的生活。

一位职场妈妈在一家外企工作，孩子三岁，老人不在身边。她每天六点起床，晚上十一点睡觉，中间不是在赶方案，就是在接送孩子、做家务。

她说，自己最大的痛苦不在于事务繁多，而在于"什么都不想落下"。她不想当"不上进"的职员，也不想当"没耐心"的妈妈，还希望家里整洁有序、饭菜可口。但结果是，工作越做越焦虑，孩子越管越烦躁，家人也不敢多说一句话——因为她总是神经紧绷。

直到有一天深夜，她在办公室厕所崩溃大哭，才终于意识到：不是生活太重，而是她把所有责任都揽在自己身上；不是她不够好，而是她太怕"被人认为她不够好"。

她开始改变，不再对自己百般苛责，也不再追求所有事情都像自己想的那样完美。她给自己留出喘息时间，也学会接受不那么好的状态。生活慢慢变得松弛，工作和家庭也开始步入新的平衡。

这位职场妈妈之所以有如此大的转变，是因为她做到了对生活不苛责，对自己不苛求，顺其自然。这不是失败的妥协，而是心性的成熟。

对生活不苛责，并不是说要放任一切、不思进取，而是在看清事实的基础上，给他人以理解，不苛责世界上的不如意。对自己不苛求，也不是随意放纵，而是在接纳有限的前提下，学会温柔以待，不因为完美主义而苛待自己。

生活是一场与自我和解的修行。内心若总是纠结、计较、批判，哪怕身处富贵温柔乡，生活也会变成煎熬；内心若能平静、松弛、放下，即使走在风雨中，也能自带晴光。

第五章
心性：自洽内求，活出自己的样子

可以温柔，但不必用疲惫去讨好世界

东晋末年，社会动荡，世风浮华，而陶渊明却在乱世中守住了心中的山水。他本是名门之后，才学出众，年轻时便以文采著称，曾任江州祭酒、彭泽令等职。但仕途之路并非他的归宿。

最广为流传的一次，是陶渊明在彭泽任职时，仅仅八十余日便挂印而去。原因竟是上司要来视察，按照规制，他需衣冠楚楚出迎。陶渊明不肯，愤然道："我岂能为五斗米折腰，向乡里小人献殷勤？"这句"不为五斗米折腰"的慨叹从此流传千古，也成了无数人追求独立人格的代名词。

陶渊明辞官归田后，并未颓唐，反而活出了更本真的人生。他种豆南山，采菊东篱，以诗酒为伴，以天地为心。他写道"结庐在人境，而无车马喧"，又道"采菊东篱下，悠然见南山"，将一种从容洒脱的人生态度刻进了文字，也刻进了后世读者的向往中。

有人或许以为，这只是文人的理想主义，但陶渊明并非不知人间疾苦。他家中常年清贫，衣食不继，甚至为了一壶酒常常向亲友借钱。可即便如此，他也不愿再次走上仕途，不愿再去折腰取悦权贵。他说："亲戚或余悲，他人亦已歌。死去何所道，托体同山阿。"在世人眼中可能是落魄，在他自己心中却是安然。

陶渊明的选择看似孤傲，实则是一种高度的自我认知。他知道，人的价值不在于他人怎么看你，而在于你能否看清自己、接纳自己。

智慧解析

人这一生最不值得的努力，莫过于拿自己的身心去成全他人的期待。有时候，我们以为赢得掌声就代表了成功，以为被喜欢就是一种价值，但倘若失去了自我，那些看似热烈的掌声终究只是一地回音。

真正的清醒是明白人生终究是自己的长跑，不是别人手里的剧本；真正的成长是学会与自己和解，在喧嚣的世界中为内心保留一片净土。为了迎合他人的目光，过度消耗自己去讨好，只会迷失方向，甚至失去自我。

可惜的是，很多人陷入了取悦他人的怪圈：从职场中不敢拒绝的加班，到社交里勉强参与的聚会，再到逢迎上司、取悦客户甚至微笑面对陌生人。殊不知，这些看似微小的妥协正悄然蚕食着我们的生命力。

第五章
心性：自洽内求，活出自己的样子

小筠在一家知名公司任职，是典型的"好好小姐"。她性格温顺，乐于助人，谁有事她都愿意帮一把。临时改方案她愿意加班，别人情绪崩溃她帮着兜底。她成了办公室里最不惹事的人，也成了最容易被依赖的那一个。

最初，她确实得到了不少好评，领导说她是团队的"润滑剂"，同事夸她是人美心善的"大好人"。但时间一长，她身体出了问题，失眠、胃病、情绪低落，而更令人心寒的是，每到年终评优时，她都不在名单之列。

而到了公司裁员那天，她却被列入了名单。理由是：她虽然什么都能做，但没有不可替代的价值。

那一刻她才明白，原来拼尽全力去取悦别人，未必能换来真正的尊重；如果连自己都不设边界，别人更不会尊重你的底线。

换了公司之后，小筠改变了策略。她不再事事迎合，而是把精力放在提升自己的专业能力上，职责范围内尽责，态度依旧友善，但不再过度付出。渐渐地，她反而成了那个真正不可替代的人。

　　人这一生，可以善良，可以温柔，但不必用疲惫去讨好世界。因为真正长久的关系是建立在平等和尊重的基础上的，真正有价值的人生是愿意为自己而活得清醒。

　　我们可以心怀善意地拥抱世界，以温柔的姿态对待他人，但更要学会对自己负责，坚守内心的笃定与安宁，不迎合、取悦他人，更不委屈、消耗自己。

　　这样，或许我们不会成为他人眼中的"完美范本"，却一定能在岁月深处绽放出属于自己的独特光芒。

得失皆随缘，心宽人自安

春秋末期，楚国名臣孙叔敖是一位淡然之人。他一生三次出任楚国令尹（相当于宰相），三次被罢官，但无论上台还是下台，他始终神色如常，无悲无喜。肩吾曾问他："您三次出将入相，却从不见您喜形于色；三次被罢免，也未曾见您心情沉郁。如今您年事已高，却依旧神采奕奕。您是如何做到的？"

孙叔敖笑道："我又能做什么呢？仕途升沉从不是我能决定的。职位来了，我坦然接受；职位走了，我也坦然归去。既然得失由不得我，那我只需守住自己的本心，不必为此患得患失。"

这番话虽然说得平淡，却富有哲理。一个人若总是执着于得失，就难免会被命运牵着鼻子走。只有看淡成败，才能守住内心的安宁。也正因如此，孙叔敖虽历经仕途浮沉，却始终气定神闲，名留青史。

唐代大将郭子仪一生戎马，曾平定安史之乱，受封汾阳郡王，权倾朝野。

皇帝特意为他修建汾阳王府，规模宏大、工匠云集。郭子仪亲临工地，嘱咐泥瓦匠："务必打好地基，要让这府邸千秋不倒。"

不料，那位泥瓦匠却淡然答道："我家几代都是泥水匠，只见过房子换了主，却从没见哪座房子能屹立千年。"

这句话让郭子仪怔住了。他原本志得意满，以为自己功高盖世，府邸可保百年荣耀。可这位看似平凡的泥瓦匠却用朴素的一句话点醒了他：无论多高的功业、多固的宅第，终究抵不过时间的洗礼。自那以后，郭子仪再不亲自过问修建事宜，而是转而关心家族子弟的品行和未来。

府邸竣工之日，郭子仪大设宴席，出人意料地请那位泥瓦匠坐于上宾之位。宾客皆感困惑，郭子仪手指着泥瓦匠说："这是造宅之人。"又指向自家子侄："这是售宅之人。"言语之中满是对盛衰无常的通透感悟。

果不其然，四十年后，郭子仪去世，其后人无力守业，汾阳王府被改为法雄寺，一代名门府邸转瞬成烟云。

古人云："得而不喜，失而不忧。"偶然的惊喜、意外的收获、努力后的成果，这些"得"常让我们沉浸于短暂的欢愉中；考试失利、求职碰壁、事业失败，这些"失"又常在不经意间叩响我们的门扉，给我们带来挫败与痛苦。无论是"得"的蜜糖，还是"失"的苦果，都只是人生旅程中的片段。过度执着于"得"，过度介怀于"失"，就容易与生活的无常较劲，让内心失衡。

人这一生最难拿捏的，不是赢的时候如何庆祝，而是输的时候如何释怀。其实，在人生这场长跑里，真正走得远的人恰恰是那些能接受不确定性、习惯起伏、看淡得失的人。

有一位年轻人，原本前程似锦，却在短时间内接连遭遇打击：感情破裂、友人反目、事业受挫。重压之下，他郁郁寡欢，终日消沉，甚至靠酒精麻醉自己。

家族中一位长者闻讯后前去探望。他没有劝说太多，而是递给他一个茶杯，缓缓地倒入滚烫的热水。热水渐满，终至溢出，洒在年轻人手上。年轻人一痛之下本能地松手，杯子跌落地面，应声碎裂。

长者平静地说："你看，真正痛了，自然就会放下。"

年轻人闻言沉默许久，似有所悟。

> 人生许多时刻，真正拯救我们的从不是努力坚持，而是适时放下。放下不是逃避，而是另一个开始。当你真的痛了、累了、觉悟了，自会明白，有些人、有些事，越执着越痛苦，放下便轻松。
>
> 苏轼有言："人事之得丧，忽往而忽来者欤！"世事如风，得失无定。所以，我们要学会稳住自己的心，不被得意冲昏头脑，不因失意一蹶不振；学会以平和的心态接纳生活的安排，以积极的行动把握当下的时光。
>
> 当我们不再与生活的无常较劲时，便会发现，内心的宁静与从容远比一时的得失更珍贵。这才是生命给予我们的最丰厚馈赠。

第五章
心性：自洽内求，活出自己的样子

难得糊涂，一种有智慧的装傻

宋代名相吕端历仕三朝，朝中人事纷杂，派系倾轧不断，但他始终遇事若无事，小事常"糊涂"，颇得"宽厚长者"之名。

有一次，宰相张齐贤因朝中琐事与吕端意见不合，便向皇帝进言弹劾吕端，言辞激烈，直指其"庸懦不为"。吕端得知后，既不反驳也不辩白，依旧笑脸待人，礼数周全。

有人替吕端打抱不平，愤愤地说："张相如此不容你，怎可忍气吞声？"吕端却淡然一笑，说："为政者贵在心正，旁人说几句，能伤我几分？小怨不记，方得人心。"这番话传开后，反令朝中众人对他更加敬重。

吕端的"糊涂"看似是退让，实则是一种克制，一种深谋远虑的蓄势待发。正因为他不急不躁，朝中多方势力皆不视他为威胁，反倒愿意与他合作。与此同时，他也在默默积累人望、权柄与时机。

直到国家危急存亡之际，这位"宽厚相公"终于展现出雷霆手段。宋真宗年间，辽军压境，朝堂震动。彼时皇帝尚年幼，宫中主政的太后刘氏与章献皇后暗中角力，众臣人心浮动，朝局风雨飘摇。

　　就在此时，吕端临危受命，以摄政之名稳定朝纲。他迅速整顿军政，召集主战派商讨战策，命令沿边诸将严守防线，同时安抚百官，杜绝谣言。在此基础上，他还秘密进宫，说服太后与皇后暂时搁置私怨，权力统一于中枢，使政令得以迅速下达。

　　辽军见宋廷反应不乱，内外一致，只得偃旗息鼓，议和而去。战事平息后，太后召见吕端，感慨道："你向来沉静，为何此番变得如此雷厉风行？"吕端回答："小事糊涂，是容人；大事不糊涂，是守国。"

　　世人这才恍然大悟：吕端的"糊涂"并非真糊涂。他不是不知、不理，而是知轻重、辨主次。他之所以能在云谲波诡的朝局中屹立不倒，靠的不是唇枪舌剑，而是深知何时该忍、何时该争，何时收敛、何时出击。

智慧解析

　　这里的"糊涂"不是装傻，也不是退让，而是一种对人性、局势、分寸的拿捏，一种在大是大非前清醒、在细枝末节处宽容的智慧。

　　人生在世，太明白未必是福，太较真未必是智。有时，看得太清，反而心累；想得太透，反而举步维艰。真正的成熟不是事事争个对错、句句辩个输赢，而是明知如何处置，却选择不说破；明知何为得失，却甘愿一笑而过。

　　这种"难得糊涂"的智慧放在今天亦十分适用。在职场中、家庭里、社交场合，我们常常因一时的较真而伤了和气、坏了局面。其实，退一步不是软弱，而是留有余地；不计较不是懦弱，而是自持自重。

第五章
心性：自洽内求，活出自己的样子

国梁是某集团的资深项目经理，业务能力出众，但性格低调内敛。有一次，他所在的部门竞标一个大项目，团队加班数周终于做出了方案。结果汇报当天，部门新来的副经理却在会议上擅自将成果归于自己，并当众淡化国梁的贡献。

同事们纷纷为国梁鸣不平，劝他据理力争，甚至有人气得替他写好了申诉邮件。但国梁只是笑笑，婉拒了大家的"好意"，如常投入后续的工作。有人不解地问："你不怕吃亏吗？"他轻描淡写地说："一个项目最后看的是成效，不是开会谁说得响。眼下发作，只会坏了整个团队的氛围。"

几个月后，项目交付圆满，客户指名要国梁主导下一期合作，连总部高层也注意到他的稳重与担当。而那位副经理因言行浮夸、难以服众，不久便被调离岗位。

这件事在公司悄然流传开来。有人说国梁"城府太深"，也有人说他"忍得过分"，但更多的人开始佩服他不争小利、不抢风头的气度。国梁用行动证明了一个道理：退一步不是无能，而是看得长远；装糊涂并非懦弱，而是一种修养，一种掌控局势的智慧。

难得糊涂是一种清醒下的克制，一种有智慧的装傻，也是一种自我保护的方式。对无关紧要的琐事睁一只眼，闭一只眼，对他人的无心之失报以宽容一笑，对名利纷争保持适度的疏离。

所以，我们要学会"糊涂"，不被小事困扰，不因他言动摇，于大处明辨，于小处宽容。既坚守原则，又放下执念，守护内心的自在与安宁。

问道：
《渔樵问对》中的人生智慧

在多数人狂热的时候，抵制住诱惑

《世说新语》中记载了一个大家耳熟能详的小故事：

西晋名士王戎在年仅七岁时，便显露出过人的判断力。

一日，他与一群孩童在村边的空地玩耍，当时正值夏末，草木葱茏。忽然，有个孩子发现路旁一棵野李树上挂满了熟透的李子。孩子们欢呼着奔过去，争相攀爬、采摘，一时间嬉笑声不绝于耳。可就在众人沉浸于"意外之喜"时，王戎却站在原地，目光平静，没有丝毫动容。

有孩子回头问他："你不是最爱吃李子吗？这棵树上结了这么多李子，你怎么连尝都不尝？"

王戎只是淡淡地回答："这树长在路边，无人看守，却还有这么多李子没被人摘走，很可能是因为不好吃。"话音未落，已有几个孩子咬了一口，旋即皱起眉头，有的甚至吐了出来——果然，又酸又涩，远不如家中或园中的李子甘甜。

在众人懊悔之际，王戎却神色自若，不见一丝得意。

第五章
心性：自洽内求，活出自己的样子

年仅七岁的王戎未亲口品尝果实，便能以常理推断出果实的味道，足见他逻辑缜密、观察入微。更难得的是，在一群人情绪高涨的氛围中，他没有被带动情绪，不盲从、不跟风，而是保持自己的判断，审慎行动。

这份沉得住气、看得清局的心性，也正是他后来能在西晋政治旋涡中屹立不倒的根基。成年后的王戎官至尚书令，历仕数朝，虽身处权力中枢，却始终保持清醒的头脑与稳健的行事风格，不轻信、不急进，进退有度，正是那种童年时就养成的"冷眼观局"与"谨慎思辨"，让他在人生大潮中不被一时利诱迷眼、不因一时喧哗乱心。

从一棵李树前的选择，到权场中的谋断，这个故事留下的不只是机敏的童言，更是一种深入骨髓的判断力与自持力。

智慧解析

真正的智慧不是随波逐流地追逐热潮，而是在热闹之中保持清醒，于喧嚣之中保有自持。这份冷静并非与生俱来的超然，而是源于扎实的知识储备、独立的思考能力与强大的内心定力。

新兴行业风口乍现时，众人盲目跟风，都想成为站在风口的先行者；市场一热，众人蜂拥而入，仿佛错过一秒就会与财富无缘；舆论一起，人人站队发声，仿佛沉默就是罪过。但总有少数人能在多数人狂热的时候，抽离情绪，抵制住诱惑，冷静思考，避免陷入狂热的泥潭。

他们从不被短期的利益迷惑，不被他人的选择左右，而是在喧嚣中坚守本心，以批判性思维审视趋势，用长远目光规划道路。

在一波区块链热潮中,林某所在的创业圈几乎集体冲进了Web3赛道。几位原本做教育、电商的朋友纷纷晒出"元宇宙项目启动""NFT即将上线"等宣传语,仿佛只要不参与就是落伍。投资人也跟着躁动,一时间资金、资源都向区块链项目倾斜。

微信群里,每天都有人发来捷报:谁谁又融资几百万,谁谁的代币涨了多少倍。林某原本做的是智能制造解决方案,在这波热潮中显得格外冷静。他认真调研之后发现,许多所谓的Web3项目缺乏实际落地,模式虚浮,数据经不起推敲。于是,他坚持原来的方向,不跟风、不转型。

甚至有人劝他别再做"笨重"的事:"你不快转型,就真要被淘汰了。"但是,林某仍没有被带动情绪,坚持自己的立场。

一年后,泡沫破裂,大量"币圈"创业公司倒闭,投资打水漂。而林某的公司因长期稳定运营,获得了工业龙头的战略投资,逐步做大做强。

后来朋友问他:"你怎么没跟风?"林某只是笑笑说:"热闹的时候,大家都看不清水深不深;可潮水退了,才知道谁在裸泳。"

不被热潮裹挟,始终保持独立判断,这正是林某能赢的关键。真正的成熟不在于你冲得多猛,而在于你能在关键时刻踩住刹车。

提升独立思考能力,以批判性思维审视趋势,同时学会克制,培养强大的内心定力,才能真正看清局势、守住本心,才能在喧嚣过后全身而退,摘得属于自己的真正果实。

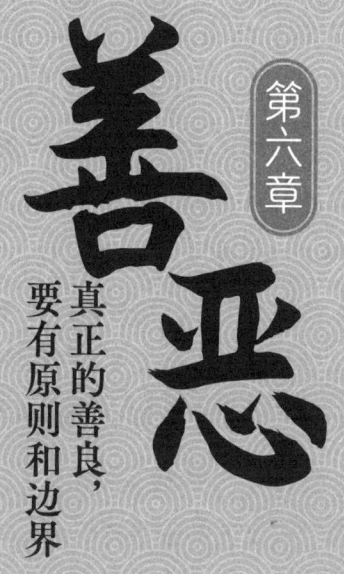

第六章 善恶

真正的善良，要有原则和边界

"为善最乐"是古人的训诫，"人善被人欺"却常是现实的写照。生活在这个复杂的世界上，要做一个善良的人，更要做一个有分寸感的善良人。

善良不是一味地迎合，更不是毫无底线地让步；它需要边界，需要原则，需要在尊重他人的同时也守住自我。

善良要秉持不伤人的教养，不伤人，也不被伤。不伤人不是毫无锋芒，而是有锋芒而不露；不被伤也不是百毒不侵，而是心有所定、行有所止。

原文

樵者曰："善人常寡，而不善人常众；治世常少，乱世常多。何以知其然耶？"

曰："观之于物，何物不然？譬诸五谷，耘之而不苗者有矣。蓬莠不耘而犹生，耘之而求其尽也，亦未如之何矣。由是知君子小人之道，有自来矣。君子见善则喜之，见不善则远之；小人见善则疾之，见不善则喜之。善恶各从其类也。君子见善则就之，见不善则违之；小人见善则违之，见不善则就之。君子见义则迁，见利则止；小人见义则止，见利则迁。迁义则利人，迁利则害人。利人与害人，相去一何远耶？家与国一也，其兴也，君子常多而小人常鲜；其亡也，小人常多而君子常鲜。君子多而去之者，小人也；小人多而去之者，君子也。君子好生，小人好杀。好生则世治，好杀则世乱。君子好义，小人好利。治世则好义，乱世则好利。其理一也。"

译文

樵夫问："善良的人通常很少，不善的人却常见；盛世通常短暂，乱世却很漫长。这到底是怎么回事？"

渔者回答："观察世间万物，哪样不是如此？好比五谷，即便精心耕种，也有很多不发芽的；而杂草即便不耕种，也能自然生长，即使努力清除，也难以彻底除尽。由此可知，君子与小人之道，也是自然而生。君子见到善事就欢喜，见到不善之事则远离；小人见到善事就憎恶，见到不善之事就欢喜。善恶本来各从其类，相互趋近。君子见到善事就接近，见到不善之事就远离；小人见

第六章
善恶：真正的善良，要有原则和边界

到善事就反对，见到不善之事就追随。君子见义积极追寻，见利则适可而止；小人见义停滞不前，见利则蜂拥追逐。追寻道义则造福他人，追逐私利则危害他人。利人与害人，相差悬殊！家国之事也是同样的道理。兴盛时，君子居多而小人稀少；衰亡时，小人居多而君子稀少。君子多了，小人便会感到格格不入，选择离去；小人横行，君子便不会同流合污，选择离去。君子喜好生物，小人喜欢杀戮。推崇善德，珍爱生命，则促成世道太平；盛行杀戮和作恶，则导致世道混乱。君子崇尚道义，小人贪图利益。盛世源于上下好义，乱世源于上下好利。其道理是一致的。"

问道：
《渔樵问对》中的人生智慧

即使想做好人，也要摆明底线

春秋时期，宋国国君宋襄公以"仁义之君"自居，崇尚礼法，坚信应该将君子之道行于战场。他常挂在嘴边的一句话就是："虽遇敌，必以礼义制之。"这种对仁义与善良的坚持，在日常政务中或许还能得几分敬意，但一旦用在战场上，便成了致命的隐患。

齐桓公死后，宋襄公与楚争霸。宋国联合卫国、许国、滕国攻打郑国，楚国派兵伐宋救郑，两军战于泓水。双方相持于河岸之际，楚军开始渡河，兵员陆续上岸，阵形尚未排定。此时正是出击的良机，宋国大将急忙向宋襄公请命："敌军半渡，不如趁其立足未稳，出兵击之，可一战而胜！"

然而，宋襄公却摇头拒绝："不可，此非仁义之举。须待彼布阵完毕，列阵以待，再行一战。"宋襄公认为，乘人之危为不义之战，即便能赢，也不是君子之道。于是宋军按兵不动，眼睁睁看着楚军稳住阵脚、布好阵列。

第六章
善恶：真正的善良，要有原则和边界

等楚军完成布阵后，楚将子玉毫不迟疑，下令猛攻。战鼓震天，楚军兵锋如火。宋军失去了最佳进攻时机，陷入被动，顷刻溃败。宋襄公身受重伤，狼狈逃回本国，次年因伤病复发，郁郁而终。

后人评价此战时，有人为宋襄公的高风亮节叹息，但更多的人为他的迂腐执念扼腕，讽刺他"仁而无谋"。

宋襄公虽有仁心，却终究没能守住山河。这个故事警示我们，任何一种美德若失去了分寸感与时势感，便极可能演变为悲剧。善良若失了分寸，便成了软弱；讲规矩若不辨场合，便成了自缚手脚。

人之初，总愿做个好人，不与人争、不计较回报、不乘人之危、以德报怨，似乎这样才能赢得一份人缘、换来一份安稳。但现实常常讽刺地告诉我们，不设底线的善良只会换来一身伤痕。

真正成熟的善意当如出鞘之剑，既有刺破黑暗的锋芒，亦有收放自如的智慧。我们要懂得在助人前审视对方需求的真实性，在包容时划定不可逾越的红线，在付出时确保自身不被消耗殆尽。

然而，很多人不懂得这个道理，他们对于仁义保持着执拗，坚守着无底线的善良，轻则给自己带来困扰，重则给自己带来身心上的伤害。

三毛留学时，就遇到过一次"善良无底线"带来的困局。

刚踏入异国校园那会儿，父母对三毛千叮咛万嘱咐：要懂事，要忍让，要与人为善。三毛将这些话深深记在心里。

新宿舍里,她是唯一的亚洲女孩,语言不太通,文化也有差异,她更加小心翼翼,生怕哪句话、哪个动作会引起误会。

一开始,她总是主动打扫卫生,整理公共区域,给生病的室友煮汤,甚至帮人带饭、洗衣,凡事抢在前头做,脸上永远挂着笑。室友们也都对她赞不绝口,说她"太 nice 了""像天使一样"。

三毛那时候真的相信,忍让可以换来理解,付出终将换来友谊。但几个月后,她渐渐意识到事情不对劲。

有一次,她回宿舍发现自己的裙子被人穿去约会,还洒上了红酒却不声不响地塞回衣柜;公共任务从来都是她在做,室友们却拿着饮料躺在沙发上打游戏,连句谢谢都没有。

更过分的是,一个参与组会迟到的室友竟然对老师说:"是三毛弄错了时间,才耽误了我们全组。"那一刻,她才意识到自己已经从"好室友"变成了"好欺负"的代名词。

忍无可忍的一天终于来了。有位室友又心安理得地把脏衣服甩进了她的洗衣筐:"你正好要洗嘛,顺便也帮我洗了。"

三毛当场火了,抓起扫把朝着地板猛敲,怒斥那人:"自己洗干净再说话!"

室内一片寂静,大家都怔住了。三毛本以为从此会被孤立,结果却出乎意料:再没人指使她干活,自己的衣服再也没人敢乱拿,甚至那位最强势的室友也开始主动分担事务。

那一刻,三毛才恍然大悟:尊重不是靠忍让赢来的,而是靠底线树立起来的。你若总做没脾气的"老好人",别人只会把你当成随便捏的"软柿子"。

第六章
善恶：真正的善良，要有原则和边界

人际交往中，礼貌、善良、谦让固然是美德，但若没有边界，就容易被当成软弱。真正被尊重的人不是一味退让的人，而是懂得适时亮出自己底线的人。

底线是你留给自己最后的体面，也是你赢得他人尊重的开始。因为人性是有惰性的，人际是有边界的。你越让着对方，对方就越得寸进尺；你越不设防，对方就越变本加厉。

软弱不是美德，逢迎不是善良。你要做个好人，可以，但前提是，你得让别人知道你不是没脾气的人。你的边界在哪里，你愿意付出到哪一步，哪些事你可以承受，哪些事你绝不接受——这些必须让人清楚。

这并非冷漠，而是深谙人性复杂后的清醒——对值得帮助的人伸出援手，对企图践踏善意的人亮出底线，才是对善良、仁义等美德最好的守护。

别迷信人品，要考虑人性

宋神宗年间，王安石执掌朝政，力主变法，意在强国富民。他一手提拔吕惠卿，视之为变法的重要推手。吕惠卿言辞犀利、应变机敏，极善揣摩王安石的心意，对变法提出许多具体措施，深得王安石的信任。王安石甚至在辞相归隐后，再次被召任宰相时，仍坚持推荐吕惠卿任副相。

吕惠卿的确才识过人，在推行"免役法""青苗法"等新政时表现得极为能干。但随着权力逐渐加身，他的面目也在悄然发生变化。他深知变法背后牵涉的是权力与利益的再分配，便以改革之名为掩护，扶植亲信，排斥异己，连王安石昔日所倚重的章惇、韩维等人也逐渐被边缘化。

王安石初时并未察觉，仍将其视作左膀右臂，屡屡在朝中为吕惠卿辩解。可当王安石二次辞相、彻底离开权力核心之后，吕惠卿的真面目终于暴露。他立即与旧党勾连，四处清算"变法遗毒"，甚至在奏章中暗指王安石诸策激化民怨，是导致朝政动荡的根源。昔日"变法双璧"如今竟变成公然反目的仇敌。

王安石闻听吕惠卿弹劾之事，面色黯然，久久不语。直到临终前，他才向亲近之人叹息："昔日所托非人，一生功业，毁于吕氏。"

第六章
善恶：真正的善良，要有原则和边界

这是政治场上的悲剧，更是识人不明的代价。吕惠卿并不是一个无才无能的奸臣，恰恰相反，他极有手段，洞悉人性的弱点，极擅借力打力。正因为有能力，才使得他一旦偏离正道，其破坏力远远超过庸才。

古人云："近小人，远君子，祸福由人所召也。"真正让人栽跟头的往往不是一时的失败，而是看错人带来的系统性崩塌。

王安石之所以错信吕惠卿，是因为他太相信人品了。他以己度人，认为自己清廉正直、忧国忧民，吕惠卿也必然志同道合，却忽视了人性在权力、名利面前往往会剧烈扭曲。王安石不是不聪明，而是在识人这件事上放松了对"人性底色"的警觉。

> 世事如棋，胜负不仅在于布局，更在于对棋手的判断。识人不清便是失局之始。
>
> 真正的识人之术不是迷信人品，而是要考虑人性，即看人在面对诱惑时的选择、在面对冲突时的态度、在利益面前的底线。
>
> 人性是比人品更广阔的考量维度。它承认人既有追求成就、实现价值的积极的一面，又有趋利避害、自我保护的本能。迷信人品，不考虑人性，那么你也许会像王安石一样一败涂地。

有一位企业主，在创业初期与合伙人一同打拼，住的是出租屋，吃的是快餐盒饭，熬夜赶项目。他们亲如手足，一个管技术，一个管市场，凭着互相信任和分工协作，将公司从十几人做到上百人，市值也从几百万一路蹿升

到数亿元。就在一轮关键融资即将落地，事业即将迈入新阶段时，企业主却遭遇了重击。

那位合伙人趁他出差之际，悄然绕开公司主体，注册新公司，将核心技术代码与渠道资料一并转走，还挖走了几位骨干员工。不仅如此，他还提前联系投资方，以"团队分歧"为由，说服对方将资金投向自己另起炉灶的新公司。

企业主从外地赶回时，已是满盘皆输。原公司的客户资源流失殆尽，融资泡汤，团队解散。他只能站在空荡荡的办公室里，苦笑着说出那句教训："人品不能当合同。"

"人品不能当合同。"这句话道破了关系的本质。高尚的人品或许能带来情感共鸣，却难以抵御现实利益的冲击。人品可敬，但人性要防。真正的智慧是既保留善意，又设好边界；既愿意相信人，又不放弃审慎判断。

这并非对人性的悲观预设，而是基于现实的理性应对——人品或许能提供一时的信任基础，但唯有正视人性的多面性，以规则与边界为盾，才能避免善意被利用、合作被背叛。

我们可以善良，但不能无底线地信赖；我们可以合作，但不能失去原则地托付。别轻易为"人品好"盖章，也别以"我信他"赌上全局。凡事多一分谨慎、多一点验证，才是走得稳、守得住的方式。

识人之道从来不是迷信人品，而是看清人性。这不是冷漠，而是成熟；不是防人，而是懂人。重视他人的人品，同时不忽视人性中对利益的本能争夺，才能在与人相处中保有温度的同时，为自己筑起一道守护的屏障。

第六章
善恶：真正的善良，要有原则和边界

从利益的视角，去判断事情的走向

东汉末年，战乱频仍，群雄割据，许多人的命运并非取决于忠诚与否，而是取决于谁更能精准地识别局势、调动人性。曹操的重要谋士荀彧就是这样一位以利驭人的高手。

当时，吕布强占徐州，刘备在小沛重整旧部，袁术则在寿春虎视眈眈。表面上看，吕布、刘备结盟抗袁，袁术则意图借道徐州袭刘，但三方实力接近，谁也无法轻取对方。一时间局势陷入胶着，彼此提防、虚与委蛇，局势犹如即将倾覆的三足鼎。

荀彧却早已洞察其中的裂痕。他给曹操献上一计："不如假意支持袁术，与其勾连，然后令袁术催吕布归还徐州。吕布骄横成性，素来心高气傲，绝不会甘心被驱使，必然生疑起怨，心生裂痕。届时我们再暗助刘备，使其趁机割裂吕布与袁术的联盟，让这三方各怀鬼胎，自相残杀。"

曹操深以为然，立即着手布局。他命使者以奉诏之名往来于袁术与吕布之间，巧言令色搅动风波。果然，袁术遣使向吕布索地催兵，语气逼迫，吕布大怒，断然拒绝，并反言刘备更可依靠，转而加强与刘备的联系。

但刘备早得曹操私授书信，心知吕布反复无常，暗中亦提防戒备。没多久，两人果然因粮草调配问题有了嫌隙。吕布擅自夺取刘备的粮仓，引发双方的明争暗斗。袁术见状，又试图从中渔利，不料反陷泥潭。

三方一番混战，互相牵制，两败俱伤。曹操则安坐许都，冷眼旁观，待战局疲敝后，他一举南下，稳稳夺得战略主动权。

这就是历史上著名的"驱虎吞狼"之计。其成功的关键并不在于谁更讲道理，而在于荀彧深谙人性的弱点：在关键节点，人总是首先考虑自身的利益，而非道义和情谊。

善恶未必泾渭分明，是非往往模糊交错。很多时候，人们并非因为信仰而选择对错，而是根据利益权衡来决定立场。看透这一点，才算真正摸到了人性运作的脉搏。

现实中也是如此。职场中那些"反转"的人事安排、人际关系的忽冷忽热、看似毫无征兆的资源倾斜，很多时候都不是因为谁更有能力或更忠诚，而是因为利益平衡发生了变化。谁踩中了利益的痛点，谁就掌握了局势的主动权。

正因如此，我们应该懂得一个道理：做事不应该执着于表象的道德评判，而应该从利益格局中寻找行为动机，判断事情的走向。

一家大型广告公司有两个项目负责人林某与王某。林某能力出众，客户关系维护得滴水不漏，是公司公认的"明日之星"；王某则为人低调，擅长预

第六章
善恶：真正的善良，要有原则和边界

算控制和团队统筹，但在台前并不出彩。

有一次，公司竞标一个大客户，林某主动请缨，方案做得华丽吸睛，初期也确实赢得了客户的青睐。但项目推进两个月后，客户的态度却忽然变得冷淡，公司内部资源也开始悄悄向王某的另一个项目倾斜。林某百思不得其解，直到一次高层会议上，他才看懂了背后的局势。

原来，公司那年预算紧缩，而林某所主导的创意案虽然夺目，却成本极高，客户频频压价，回款困难。而王某虽然没有惊艳表现，却将另一个客户的长期合同打理得十分稳健，利润清晰，风险可控。公司决策层权衡之下，便在资源上"悄然转舵"。

林某这才明白，真正决定局势的不是能力展示得多么耀眼，也不是人脉有多广，而是自己有没有踩中公司的利润神经。他输的不是能力，而是没看懂那只"看不见的手"正在重新调整平衡。

趋利避害是人的本能，善恶与是非的界限会在复杂的利益博弈中变得模糊不清。最有远见的人往往不是只讲理想主义的好人，而是能在利益的棋盘上看清每一步布局的人。

所以，判断一件事的走向，不能只看情感态度或语言表面，更要看各方的利益结构。哪一方的利益受损，哪一方的利益即将兑现，哪一方正在试图扭转格局……看清这些，才不会在突如其来的变局中惊慌失措。

这并非教我们心狠手辣，而是提醒我们，在讲善良与正义之前，必须先了解人性运作的底色。承认人性的复杂性，以更务实的态度应对合作与竞争，在利益交织的迷雾中把握关系运作的底层逻辑，才能掌握主动权，维护自身的利益。

阴招可以不用，但是不能不防

唐代名相姚崇七次为相，历仕武则天、中宗、睿宗、玄宗四朝，是唐代颇具影响力的政治家之一。在他初为宰相时，曾遇上一场颇具心机的政治试探，对手正是时任中书舍人的张说。

张说才华横溢，极受当朝皇帝的器重，颇有恃宠而骄之势，屡屡在朝堂上高谈阔论，语涉权柄，难免引起一些同僚的侧目。姚崇为人务实，谨慎持重，向来主张"制度立国"，是朝中公认的稳重之臣。两人政见时有分歧，立场亦不尽相同，朝中不少人私下议论，这两位大员迟早要起正面冲突。

一日，张说特地登门拜访姚崇，名为请教，实则试探。他言辞中故意透露出对皇帝旨意的"独家理解"，并语带炫耀地说道："若我为相，当可专决一切，诸政不烦陛下。"

在场诸人闻言无不变色，皆为姚崇捏了一把冷汗。如此狂言，不啻自荐揽权，更是赤裸裸的权力挑衅。众人纷纷将目光投向姚崇，等待他如何应对。

姚崇只是微微一笑，既不附和，也不反驳，话锋一转，竟谈起了天时与农事："近日雨多，稻谷抽芽正盛，朝廷应早筹赈务，以备不虞。"语气平和，风轻云淡，竟似全未听见张说的那番话。

张说原以为姚崇会当场发难，甚至借机反击，没想到对方竟如此"糊涂"，让他一拳落空。张说颇觉无趣，只得作罢。

第六章

善恶：真正的善良，要有原则和边界

但这场交锋并未就此结束。数月后，在朝议中，姚崇借一道边地军政之奏，轻描淡写地提议："中书舍人权责过重，恐难兼顾，应酌量分摊事权，免生误判。"言语恳切，虽未指名道姓，却句句直指张说。

皇帝素知姚崇沉稳老成，极信其言，当即点头称是。不久，张说的中书职权被大幅削弱，随后被外放出京，远离权力中枢。

张说被贬之日，有老臣私下感慨："姚公不发一言，不动一怒，却能四两拨千斤，实为深藏不露。"

姚崇的智慧正是藏于不语之间，发于无形之处。表面上看，他处处忍让、大度宽容。实际上，他早已看透张说的意图，只是不动声色地稳住局面，待机出手。

在复杂的人情场中，善良是一种美德，防备之心则是一种智慧。并非所有人都会按理出牌，也并非所有局都按道义行事。防人之心不是怀疑一切，而是清醒地看待世情、人性与权力的角逐。

一个真正成熟的人未必天天要手段、摆阵势，但绝不会对阴招毫无防备。更重要的是，对于阴招，你可以不用，但不能不识；可以不使，但不能不察。就像习武之人研习各类招式，并非为了恃强凌弱，而是为了知己知彼，以守为攻。

在职场中尤其如此。如果你毫无防备，就会成为别人布局的筹码；如果你不予还击，就会成为被欺负的"可怜虫"。因此，你可以善良，可以不心狠手辣，但在善良之下，必须有锋芒和底线，懂得适时还击。

林某在一家创业公司工作，他能力强、性格好，是典型的"职场老实人"。在项目团队里，他是最早来、最晚走的那个，也是最不计较功劳的人。主管对他很器重，同事也愿意请他帮忙。

有一次，公司评优，项目组需要推荐一个人参评"年度先锋奖"。原本大家都以为此奖非林某莫属，没想到最后被一位平时不太出力却善于表现的同事抢走了。林某起初并不计较，直到无意间听见那位同事多次在主管面前说自己的坏话："林哥人不错，就是太佛系了，缺少上进心和积极性。""林哥有时也会抱怨事太多，说部门可以缺了主管，但不能缺了他。"

那一刻，林某才恍然大悟：该同事表面和自己关系好，实际上没少使阴招,而自己毫无觉察。一味付出不设防,不但不会被感激,反而容易成为被牺牲的"软柿子"。

从那之后,林某依旧乐于助人,但开始更清醒地认知人性,保持着"害人之心不可有,防人之心不可无"的处世哲学。他学会适时表达自己的贡献,也懂得在关键时刻为自己争取。在某一合适的时机,他在同事面前揭穿了那位同事的阴招,也在主管面前澄清了事实。

不久,林某顺利升任项目组副组长,再也没有人敢轻视他。

职场中暗流涌动的权力斗争、社交场中绵里藏针的言语交锋,都在考验着一个人的智慧与定力。若因过于天真而疏于防范,轻则错失发展机遇,重则陷入万劫不复的境地。

一位哲人说:"有远虑者,行事不慌;有防备者,步步从容。"善良与清醒并不矛盾,真正的人间清醒是知世故而不世故,防暗箭而不暗算,能撑伞也能撑局。

因此,我们必须学会藏锋养晦,识局而动,守住善良,同时也要对人性的复杂有清醒的认知,以抵御不正当攻击的冲击。我们不能使用阴招,但一定要识得招数;我们要选择阳光前行,但也要为自己备一把伞。

知行合一，果断远离错的人和事

孔子曾推崇宁武子，说他"知可及也，愚不可及也"，意思是宁武子的聪明人尽皆知，但他假装糊涂、选择隐退的那种"愚"，却无人能及。

宁武子是春秋时期卫国名士，一生仕宦，却极具风骨。他身居高位时政通人和，便竭力辅政；而当国家大乱、奸臣当道之际，他便装作昏庸、不谙政务，自请退隐。他不是无能，而是选择远离不善的人和不善的时局，不与黑暗为伍。

据《左传》记载，宁武子仕卫多年，深受国君倚重，执政期间整饬朝纲、安抚民心，使卫国一度出现上下无争、百业俱兴的局面。然而，后来国政日渐腐败，佞臣专权，宁武子多次上书劝谏无果，便在某次朝会后突然装病辞官，退居乡里，表面看似"年老无为"，实则是以退为进，避免被卷入黑暗的旋涡之中。

更令人称奇的是，在宁武子隐退之后，那些贪官污吏竟视他为"无害之人"，对他毫无戒心。他因此得以保全性命，继续默默教化乡民、救济百姓，为后来的局势转机保留了重要的希望与力量。

这种"知而不争"的智慧体现了宁武子对时局的判断与内心的坚守。他不是不想有所作为，而是清楚地知道，面对有些局势再用力也是徒劳，明哲保身、静候时变反而是更稳妥的抉择。

历史上，卫国国君卫懿公则是一个典型反例。

卫懿公极爱鹤，到了痴迷的程度。他不仅在宫中饲养大批鹤，还令朝中大臣陪鹤议政，甚至给鹤禄位，弃士不用。他这种偏执爱好逐渐取代了理政之务，朝堂上充满了鹤鸣之声，却听不见谏臣的忠言。

戎狄趁机南侵，卫国危在旦夕，群臣多次劝卫懿公整顿军备、修筑防线，他却一笑置之，反问："鹤若得养，民亦当安。"如此荒诞不经，致使国防空虚、士气低落。

戎狄大军一到，卫军仓促应战，大败溃逃。卫懿公仓皇出逃，途中被杀，他所宠的鹤也尽数死于乱军之中。

爱好本无错，问题在于，卫懿公将个人癖好凌驾于国家安危之上，不识大体、不辨轻重，最终招致祸国亡身的结局。

宁武子远离浊政，是为"可敬之愚"；卫懿公执迷不悟，则是"可悲之愚"。前者懂得见机而退、藏锋守拙，以待时而动；后者则任性妄为、自毁长城，终被乱世所吞。

问道：
《渔樵问对》中的人生智慧

> 很多时候，真正的聪明不是锋芒毕露，而是知止有度；真正的"愚"不是懵懂无知，而是看透不说、识局不争。在善恶不明的时代，能退一步保清白，反倒是一种极难得的智慧。
>
> 所以，我们要尽量做到知行合一，见到不善的人或事及时避让和远离。这不是怯懦，而是理智，清醒地知道自己何时能进、何时应退。

陈某是某大型科技公司的资深工程师，业务能力出众，人品也颇受赞誉。在公司发展早期，他便参与核心系统的搭建，是许多后辈眼中的"技术大牛"。公司高层也十分器重他，曾三次邀请他参与决策层的会议，但陈某总是婉言推辞，谦虚地说："我只想把技术做好，别的我不太懂。"

陈某不是真的不懂，只是早就看出了高层之间的"山头主义"和暗战较量。公司表面风平浪静，实则派系林立、暗流涌动。有几次，老板请他帮忙处理其他部门的核心代码漏洞，以此打压竞争团队，他都笑着婉拒，转身默默把漏洞修补好了，却从不打小报告。

有人悄悄评价他是"墙头草"，但更多的人发现，凡是他所在的项目，始终是最稳定、最少内耗的。他从不参与斗争，也不让下属卷入拉帮结派。公司稳定时，他是公认的中流砥柱；公司动荡时，他悄然归于幕后，照旧敲代码、带新人，仿佛什么也没发生。最终，正是他的"愚"护住了一方清明。

第六章
善恶：真正的善良，要有原则和边界

智慧应用

做人做事，终归要讲底线。真正的聪明不是处处争先，而是该清醒时清醒，该装傻时装傻。不良之事往往裹挟着诱惑，或是利益的驱使，或是人情的捆绑，稍有不慎便会深陷其中。此时，看透不说不是懵懂无知，而是参透人性复杂后的慈悲与克制；识局不争并非懦弱、退缩，而是认清局势后的清醒与豁达。

因此，知行合一不只是做对的事，更是及时止损，果断远离错的局。这不是消极，而是主动选择与正向力量同行。

识别陷阱与泥潭，能进亦能退，真正做到为善去恶，才能在复杂的人世中不被裹挟、不被污染、不受伤害。